徒手格斗大全

美国陆军部/编　李旭大/译

DEAL
THE FIRST
DEADLY
BLOW

北方文艺出版社

图书在版编目（CIP）数据

徒手格斗大全 / 美国陆军部编；李旭大译. -- 哈尔滨：北方文艺出版社, 2011.12

ISBN 978-7-5317-2759-0

Ⅰ. ①徒… Ⅱ. ①美… ②李… Ⅲ. ①擒拿方法（体育）Ⅳ. ①G852.4

中国版本图书馆CIP数据核字(2011)第229026号

徒手格斗大全

作　　者	美国陆军部
译　　者	李旭大
责任编辑	刘　薇
特约编辑	王　忻
封面设计	烟　雨
出版发行	北方文艺出版社
地　　址	哈尔滨市道里区经纬街26号
网　　址	http://www.bfwy.com
邮　　编	150010
电子信箱	bfwy@bfwy.com
经　　销	新华书店
印　　刷	北京大运河印刷有限责任公司
开　　本	889 × 1194　1/32
印　　张	8
字　　数	100千
版　　次	2012年2月第1版
印　　次	2012年2月第1次印刷
定　　价	35.00元
书　　号	ISBN 978-7-5317-2759-0

目　录

第七章　擒拿　77

第八章　反擒拿　91

第一章

序言

本书主要介绍在徒手格斗中如何运用拳击、摔跤、扭打、扛摔、还击、腿功、臂功及其他动作来制服敌人的方法；讲述如何将器械当做有效武器来使用的方法。徒手格斗始终强调的就是积极进攻，只要采取正确的进攻方法，就可将敌制服。

1　目的和范围

本书主要介绍在徒手格斗中如何运用拳击、摔跤、扭打、扛摔、还击、腿功、臂功及其他动作来制服敌人的方法；讲述如何将器械当做有效武器来使用的方法。徒手格斗始终强调的就是积极进攻，只要采取正确的进攻方法，就可将敌制服。

2　训练须知

一个只学会使用基本武器的普通士兵，在不能开枪或武器破损的情况下，如果他具有徒手格斗的技能和与敌人格斗的勇气，就可与敌搏斗并战胜敌人。进行格斗训练有很多方面的好处：它是一种提高身体素质和强健体魄的运动；它可以增强士兵在单兵作战时与敌搏斗的勇气；掌握进攻与自卫的格斗技术，将增强你与荷枪实弹的敌人遭遇时与其搏斗的信心；尤其是在夜间巡逻或在必须悄然行动的情况下，它更是一种有效的手段。徒手格斗技术既适用于前线部（分）队，也适用于后方人员用以对付敌人可能采取的渗透、空降和游击战。

第二章

基本原则

学习徒手格斗技术，应当遵循以下五条基本原则：

1.充分利用一切可以利用的手段；

2.以最大的力量主动攻击敌人最薄弱的环节；

3.攻击敌手使其失去身体平衡时，要保持自身的平衡；

4.善于借助敌人之动作来增强自己的力量；

5.在熟练掌握各基本动作的基础上，经过不断实践，提高攻击速度。

1　概述

学习徒手格斗技术，应当遵循以下五条基本原则：

1.充分利用一切可以利用的手段；

2.以最大的力量主动攻击敌人最薄弱的环节；

3.攻击敌手使其失去身体平衡时，要保持自身的平衡；

4.善于借助敌人之动作来增强自己的力量；

5.在熟练掌握各基本动作的基础上，经过不断实践，提高攻击速度。

2　动用一切可以动用的手段

1.进行徒手格斗时，你的生命随时处于危险之中，因此，应动用一切可以动用的手段，将敌制服。可朝敌脸上撒扔沙土，用挖堑壕的工具、钢盔或皮带打击对手。如果无任何器具可以动用的话，则应假装投掷东西的样子，使敌人的手收回或遮护要害部位。如果敌人果真上当，则可趁此对其发起迅猛攻击，并将其置于死地。

2.如无任何东西可充当武器，则应运用你自身的武器，如：

（1）手掌外侧（见图1）

手指紧紧并拢伸直，使手掌外侧尽量坚硬；拇指紧贴食指。以此种手掌击敌，可使其伤残。

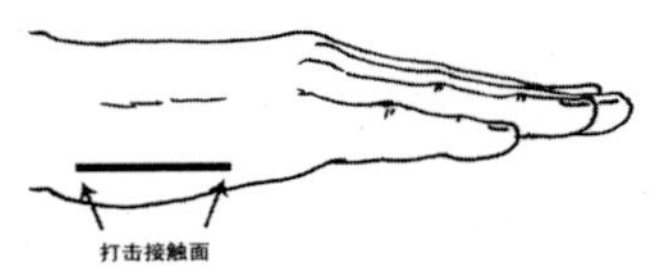

图1　手掌外侧

（2）小拳（见图2）

普通拳头的打击面约52平方厘米。如握成小拳，以手指第二关节构成的打击接触面则约为13平方厘米。用这样的小拳头打击敌人，其着力更强。握拳时，拇指紧扣食指将手绷紧，腕关节要保持挺直。

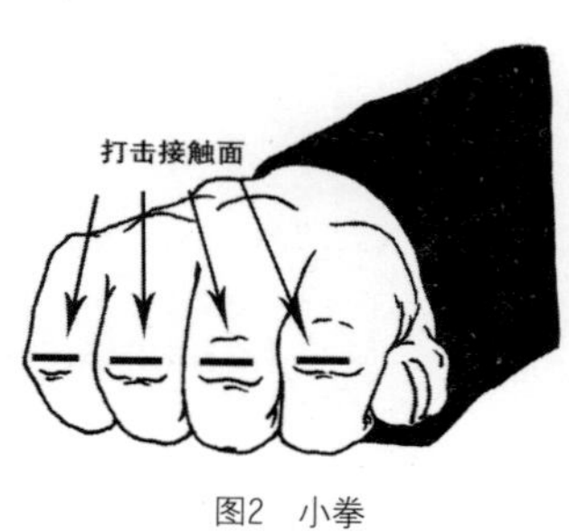

图2　小拳

（3）拳尖（见图3）

握拳时，折叠中指的第二关节，相邻两个手指的第二关节楔牢中指两侧；拇指末端紧扣中指指甲，并使腕关节保持挺直。以凸出的指关节打击敌人全身最容易受伤的部位。

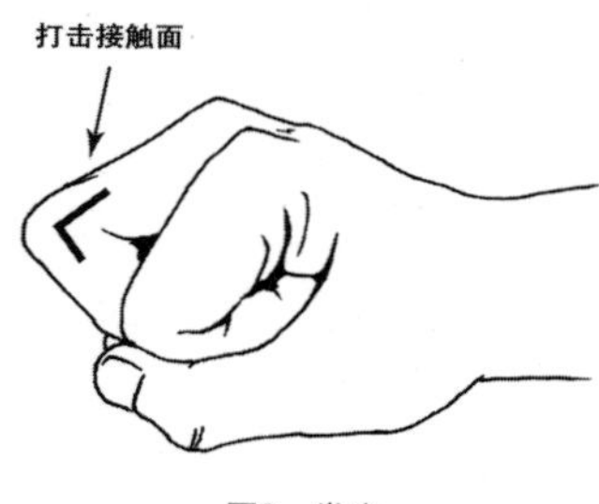

图3　拳尖

（4）实拳（见图4）

以拳头的小指外侧击敌，犹如锤子砸冰。以此方法打击敌人的太阳穴，可使其毙命。

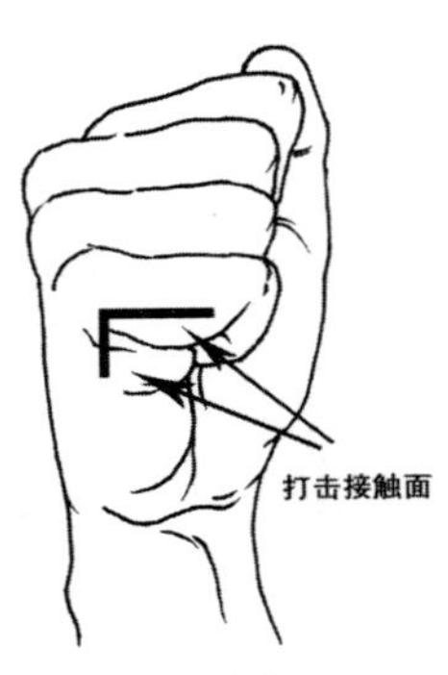

图4　实拳

（5）掌后部（见图5）

手指微曲，手掌后仰，尽量使掌后部坚硬。以掌后部打击敌人，往往比用拳更能奏效；蜷曲的手指可挖敌人的眼睛，或攻击敌人脸上的其他部位。

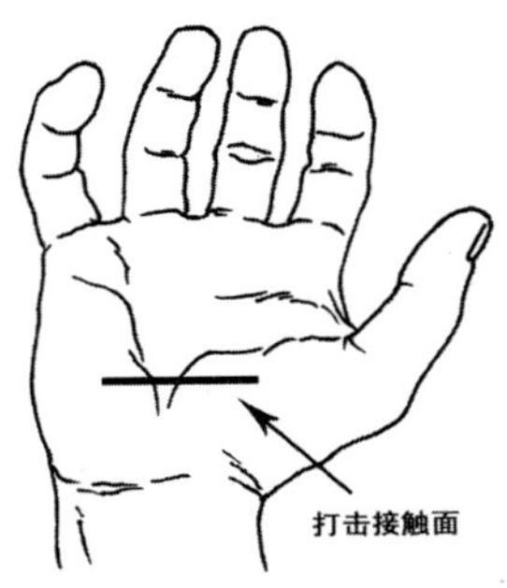

图5　掌后部

（6）用靴踹（见图6）

用靴子的内、外侧蹬踹比用靴尖踢更为有效，因其蹬踹的接触面大，用以攻击敌人手部较小和突出外露的骨骼最为适宜；而用靴尖踢时，接触面太小。

图6　靴

（7）其他

此外，还可运用膝、肘、肩、头及牙齿等作为武器，将敌制服。

3　以最大的力量攻击敌人最薄弱的部位

以最大的力量攻击敌人最薄弱的部位这一作战原则，也同样适用于单兵格斗。无论在何种情况下，敌人总有容易受到攻击的易伤部位。依据情况，以最大的力量主动攻击敌人最容易受伤的部位，可获速战速胜之效。积极进攻是徒手格斗的关键，因为只有积极进攻才能制服敌人。

4　保持身体平衡

1.保持自身的平衡，而使敌人失去平衡，是格斗中克敌制胜的一个重要法宝。与敌人遭遇时，迅速摆出防守姿势，以全面自卫（见图7）。这种姿势就像拳击手一样，能迅速反击，运动自如。两脚分开且与肩同宽，左脚跟与右脚尖大致在同一直线上；如你是左撇子，则左脚在后。上体前倾，双膝微屈。双手成立掌，距脸部约15厘米，指尖与眼睛同高，掌心相对，掌外侧向前，面向敌人。防守姿势是与敌人展开搏斗前最好的平衡姿势。按照本教材所规定的动作进行训练，保持自我平衡并使敌失去平衡的能力便可得到提高。

2.搏斗时，脚掌略斜向外侧，以保持身体平衡；向敌人攻击时，可以靠大吼来震慑对方，造成其精神紧张而失去平衡。

图7　防守姿势

5　冲力

善于借用敌人的冲力是徒手格斗的另一原则。无论何时与敌人格斗，你都应假定他比你强壮，尽量避免立刻与敌人进行体力的较量。要利用敌人的冲力和体力，将其制服。比如，当敌人冲过来时，可迅速闪过他的打击，或向一侧跨步并将其绊倒。

6　准确与速度

与敌人格斗时，你几乎没有停下来进行思考的时间，各项动作都必须达到不用琢磨即可出手的程度。因此，在开始学习格斗时，一招一式都要求准确无误，在准确掌握的基础上，再通过不断练习来提高速度。对本教材中所举的大部分操练动作，若想成功使用，牢记出招速度是至关紧要的。

第三章

人体要害部位

要害部位指的是人体最易因遭受打击或挤压而致伤的部位。了解并学会攻击这些要害部位，再有了克敌制胜的勇气和信心，你就能在格斗中迅速将敌制服，甚至置之于死地。

1 概述

1.要害部位指的是人体最易因遭受打击或挤压而致伤的部位。了解并学会攻击这些要害部位，再有了克敌制胜的勇气和信心，你就能在格斗中迅速将敌制服，甚至置之于死地。

2.许多人攻击敌人时，往往喜欢首先用拳击其上下腭。其实，这是最不高明的一招。要知道，最有效的做法则是击其要害部位。采取这些行动时，不能拖泥带水，犹豫不决。

2 人体部位

人体可分为三大部分：头和颈部、躯干、四肢。其各部分的要害部位（见图8）如下：

头和颈部	躯干	四肢
耳	锁骨	手指
太阳穴	腋窝	手腕关节
眼睛	太阳神经丛	肘关节
鼻梁	腹部	肩关节
上唇	裆部	膝关节
下巴	肋部	脚腕关节
喉结	腰部	脚背
咽喉	脊椎	
颈侧		
颈背		

3 训练中的注意事项

只要轻轻压迫或打击要害部位，就可能致人伤残或死亡，因此在练习打击这些要害部位时，动作务必轻巧，并通过训练逐步加重打击力量，切记不可误伤假设敌。

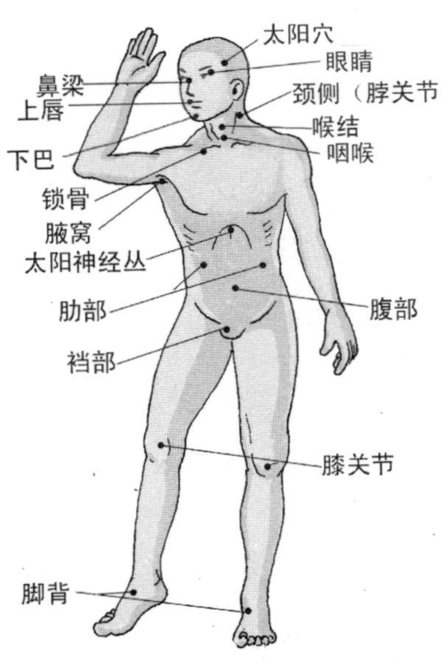

图8 人体要害部位图(前)

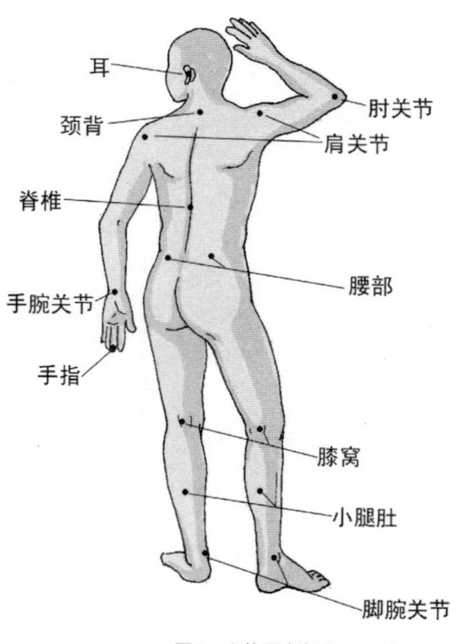

图8　人体要害部位图(后)

4 攻击头部和颈部

1.耳

两手作杯状，同时拍击敌双耳（见图9）。这是极具危险性的打击：轻则会击穿敌人的耳膜，使其神经受到损伤或耳内出血，重则足可使敌人脑震荡，甚至一命呜呼。

图9 以手作杯状拍击敌两耳

2.太阳穴

打击太阳穴，可使敌人死亡或造成脑震荡（见图10）。此部位骨质脆弱，且有一条动脉和大量神经集中于皮下。打击太阳穴，通常用掌外侧或拳头，也可以用肘猛戳。如敌人被击倒在地，则可以用足尖踢其太阳穴。

图10　太阳穴是脆弱点

3.眼睛

使敌人致盲的方法颇多。有一种方法称，以食指和中指成"V"形刺入敌双眼，手指和手腕要挺直（见图11）。也可以用相邻的两个手指的第二关节猛戳其眼窝，还可用拇指或其他指头去挖敌人的眼睛。

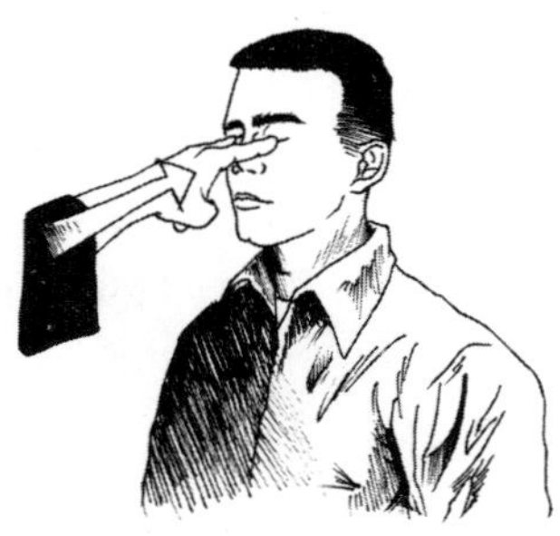

图11 用手指猛戳敌眼睛使其致盲

4.鼻

打击敌人的鼻子时，通常以掌外侧或拳头横击敌人的鼻梁（见图12），可击碎其鼻骨，使其疼痛难忍并暂时失明。如猛烈打击，可将骨头碎片楔入敌脑使之立刻毙命，如距敌人太近，则可用掌下部向上顶击敌人的鼻子。

图12 猛击敌鼻梁将其制服

5.上唇

上嘴唇是鼻软骨与硬骨的连接处，此处神经接近皮层，是脸部的要害部位。可用角度稍向上的手掌外侧猛击敌人上嘴唇。重击能使其昏厥，轻击也能使其感到剧痛（见图13）。也可用小拳戳击。

图13　上唇是易伤部位

6.下巴

用手掌的后部打击敌人的下巴，要比用拳头打击敌人的下巴更为有效（见图14），因为用拳头猛击可能会折损自己的手指头。

图14　用掌后部击敌下巴

7.喉结

用手掌外侧砍击敌人喉结处（见图15），重击可置敌人于死地，轻击则可使其疼痛难忍。还可根据敌人摆出的姿势，用拳、脚、膝攻击敌人喉结部位。另一个有效办法，就是用手指卡或抓敌人的喉结。

图15　打击喉结

8.咽喉

一个破解敌人擒拿的方法，是迅速挺直一只或两只手指，直戳其咽喉下部凹处（见图16）。如此一戳，可使敌人感到剧痛，或窒息、咳嗽；如果刺破咽喉皮层，敌人的伤势会更严重。

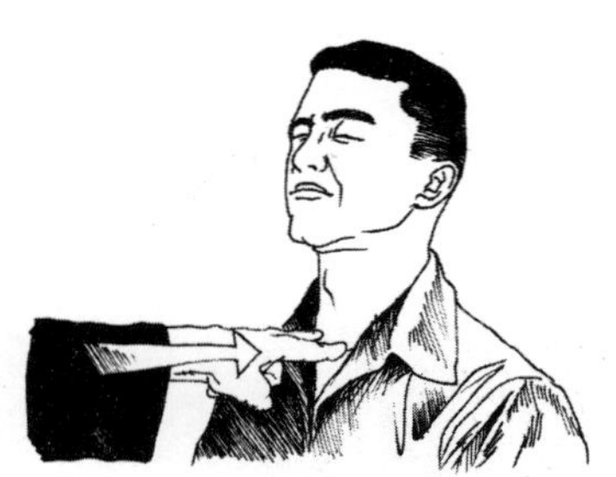

图16　直戳咽喉

9.颈外侧

用手掌外侧猛烈砍击敌人的颈外侧（耳下略靠前处），能使敌人失去知觉（见图17）。无论使用反手掌（掌心向下）或正手掌（掌心向上），任何一种方法均可。经此一击，敌人将因颈静脉、颈动脉和迷走神经受到打击而昏迷，但不至于毙命。

图17　打击颈外侧

10.颈后部

用手掌外侧或拳外侧猛砍敌人颈后部，能使敌人当即毙命（见图18）。当敌人低头向前或未用手保护其上部时，通常采用此种方法。如敌人已被击倒在地，则可用靴尖、靴后跟踢踹或以手掌外侧砍击他的颈后部。

图18　打击颈后部

5　攻击躯干部位

1.锁骨

以手掌外侧向下用劲，直砍敌人锁骨部位，可打断敌人锁骨并使其瘫倒在地（见图19）。如果敌人比你矮小，则可用肘关节猛击他的锁骨处。

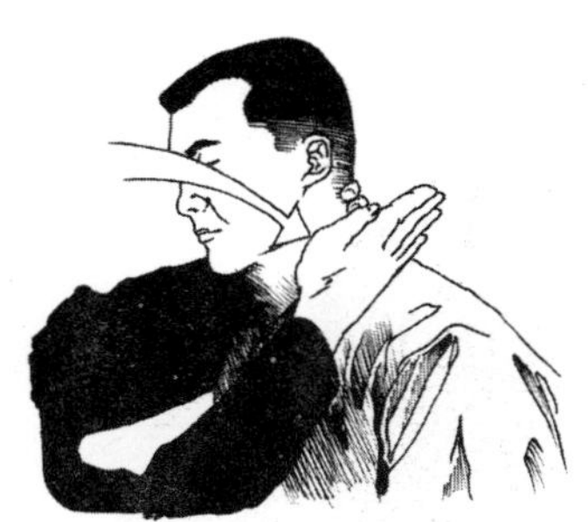

图19　打击锁骨

2.腋窝

腋窝皮下有一条粗大的神经。打击敌人腋窝，可使其产生剧痛和短暂的局部瘫痪。如果敌人已被击倒在地，则可用靴尖猛踢他的腋窝（见图20）。

图20　打击腋窝

3.太阳神经丛

太阳神经丛位于肋骨以下心窝处。打击这一部位，需用尖拳猛戳（见图21）。用尖拳打击太阳神经丛这样的小目标具有较强的穿透力，比用拳头和手掌外侧更为有效。对太阳神经丛的任何一种具有穿透力的打击，都可使敌人产生剧痛，或向后趔趄，或瘫倒在地；猛烈打击，可置敌人于死地。

图21　打击太阳神经丛

4.腹部

用小拳（拳棱）猛击敌人腹部，可迫使敌人松手（见图22）。如敌人屈身向前，则可用膝顶撞其脸，或用手猛击他的颈后部；用小拳的指关节击敌人比用肘关节或拳头更具有穿透力；以靴尖踢或以膝顶撞，也可使敌人伤残。

图22　打击腹部

5.裆部

如距敌人很近，最有效的手段是击他的裆部。可用膝向上狠狠顶撞他的裆部（见图23）；也可用拳击、手掌外侧砍、脚尖踢、脚跟踹或抓裆的方法将敌人制服。

图23　打击裆部

6.肋部

可从正面或背后攻击敌人肋部，如有可能，最好攻击他的右肋部。因肝脏位于右侧肋骨下部，此处遭受打击，肝脏必将严重损伤。打击此部位时，用手掌外侧（见图24）、拳外侧、折叠拳的第二指关节、脚后跟、脚尖或膝盖均可。

图24　打击肋部

7.肾部

肾部皮层下有一些从脊椎骨分支的大神经。打击敌人的这个部位，可使敌人肾脏损伤，并引起严重的神经震动，或至少需要医生救护。打击时，通常使用手掌外侧（见图25）、折叠拳的第二指关节、拳头外侧、膝盖或靴尖等。

图25　打击肾部部位

8.脊椎

脊椎里是脊髓。打击这个部位，可使敌人脊椎关节脱位，导致瘫痪或死亡。如果敌人已被打倒在地，即可用膝、肘、脚跟、脚尖击敌人（见图26）。打击的最好部位是腰带上方7～9厘米处，因为此处防护最弱。

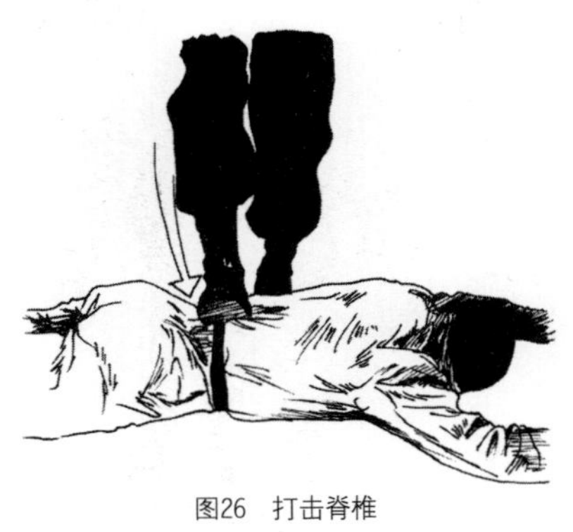

图26　打击脊椎

6　攻击肢节部位

1.指关节

当敌人从背后抱住你的腰部时，破解的方法是用一只手抓住敌人一个手指，另一只手则紧紧抓住其手腕（见图27）；在将敌人手腕下拉的同时，将其手指作反关节掰压，以折其指。

图27　折别手指

2.手腕关节

将敌人手腕向任何方向狠劲折掰，能够使敌人疼痛难忍。掰腕时，将双手之拇指置于敌人手掌背部，将其手腕掰向前臂方向成直角，以此法可制服敌人（见图28）。

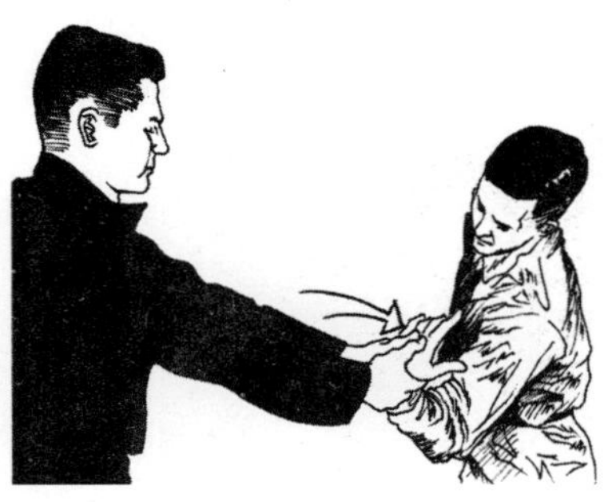

图28　折别手腕

3.肘关节

肘关节是人体的脆弱部位，如重击这个部位便能使它脱臼。可用手抓住敌人手腕或小臂并向后拉掰，使其臂膀挺直（见图29），与此同时，以手掌后部、手掌外侧或膝盖猛击其肘关节。

图29　折别肘关节

4.肩关节

敌人被击倒后，可用一膝顶压其肩膀处，同时将其手臂后掰，致使其肩关节脱臼（见图30）；或重击敌人脊椎处，造成其瘫痪或当即毙命。

图30　打击肩关节

5.膝关节

用脚侧踹敌人膝关节或膝盖骨（见图31），能踹裂其韧带和软骨，使其剧痛和不便行动。如处于敌人背后，直接踹踢其膝后部，可伤其肌肉和神经。

图31 打击膝关节

6.踝节部

如要伤敌人踝节部，应以脚外侧踹蹬敌人踝节部外侧，而不是用脚尖踢，以免使敌人滑脱而不会受到损害。

7.脚背

以脚猛跺敌脚背，可使其脚背小骨断裂，造成剧痛和不便行动（见图32）。当面对敌人时，可用左脚外侧猛跺其左脚背，或以右脚外侧蹬跺其右脚背，这样在转体时便于保护裆部；随后还可蹬踹其踝节部位。

图32　蹬跺敌脚背

7　运用随手可取的武器攻击敌人要害部位

1.刺刀柄

以刺刀柄作为钝器敲击敌人头部，可将其制服。握刀时，刀柄末端要略凸出小指外侧。（见图33）。

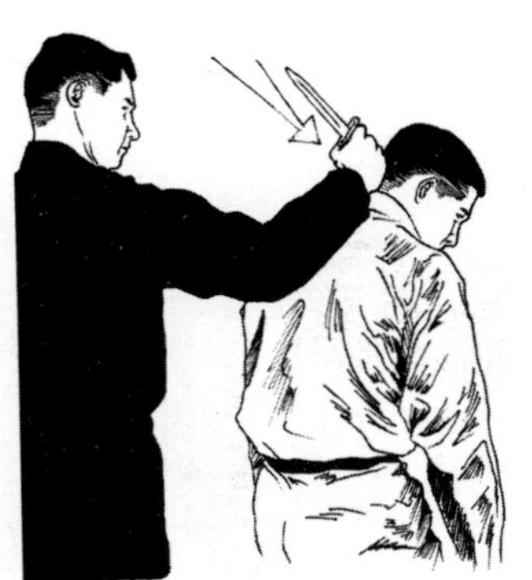

图33　以刺刀柄打击敌人

2.土造的棍棒

在长袜中装上湿沙或成条的肥皂，末端结牢，即可把它作为棍棒来使用。用它打击敌人脑后部可收到极好效果（见图34）。

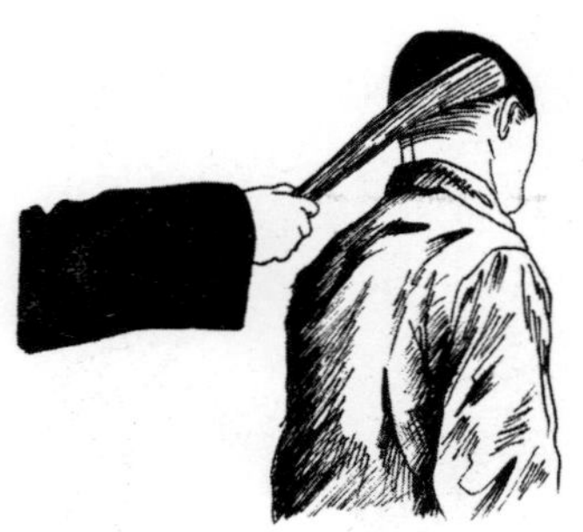

图34 用土造棍棒击敌

3.钝器

用钝器（如斧子的钝头或枪托）打击敌人两个肩胛骨之间的脊骨，既可避免发出响声，又能置敌人于死地（见图35）。

4.其他各种器具

如手中无任何武器，在很多情况下，仍可找到任意一种物件，如：挖壕沟的工具，一块石头，一根手杖，一截木棍等。用这些东西猛烈而集中地打击敌人的要害部位，也可使敌人致残或致死。

图35　用枪托击敌

第四章

倒 功

在学习徒手格斗的摔打动作之前，必须学会各种倒地姿势，并经常练习。只有这样，才不至于在被敌人摔倒在地时受伤。

1　概述

在学习徒手格斗的摔打动作之前，必须学会各种倒地姿势，并经常练习。只有这样，才不至于在被敌人摔倒在地时受伤。

2　右侧倒地姿势

学习右侧倒地姿势（见图36）须遵循以下几点：

1.左脚掌先行着地，以承受着地冲击力，左脚掌在右膝一侧平踏地面。

2.右臂为“扭打”臂，顺地面平伸，与身体成45度角，掌心向下，手指并拢伸直：右臂与左脚同时着地，和左脚共同承受着地时的冲力。

3.下巴紧缩胸前，脖颈绷紧，以防头部磕碰地面而致伤。

4.左臂横护脸部，以预防左肘部损伤并保护头、咽喉部位，免遭敌人打击。

5.整个身体右侧紧贴地面，右膝微屈，以免右腿受伤。

图36　右侧倒地姿势

3 左侧倒地姿势

左侧倒地姿势（见图37）所遵循的方法与右侧倒地姿势相同，只需将其中的“左”变为“右”、“右”变为“左”即可。

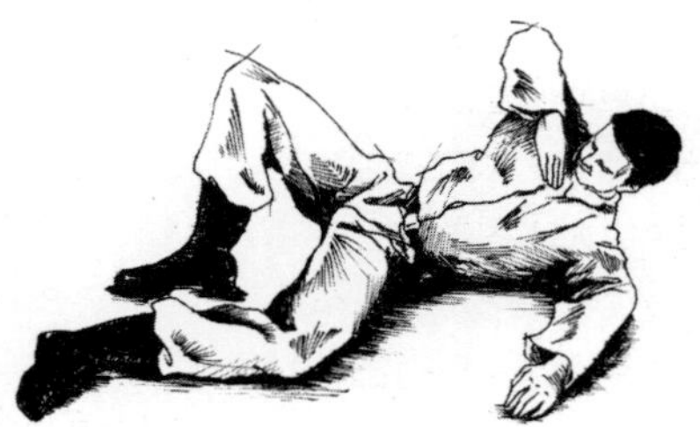

图37 左侧倒地姿势

4 右倒练习

1.开始时姿势（见图38）

首先，仰躺在地；然后以左手和左脚为支撑，使身体离地；右臂横着保护脸部，右腿挺直与地面平行或略高于地面。

2.右倒技巧

左臂部和左腿微弯，使整个身体向左倾斜，眼睛透过肩部注视地面情况。与此同时，右臂用力向右摆动，并借助左臂和左腿强有力的挺伸，使身体上举并迅速向右翻滚。右手和左脚首先着地，以减缓倒地的冲力；下巴紧缩胸前，以免头部因磕碰地面而受伤；整个倒地姿势如图36所示。

右侧视

左侧视

图38　右侧倒地开始时姿势

5 左倒练习

左侧倒地的开始姿势（见图39）和实施动作（见图37），与右侧倒地相同，只将其中的“左”变为“右”、“右”变为“左”即可。

左侧视

右侧视

图39 左侧倒地开始时姿势

6 后倒姿势

练习后倒姿势时（见图40）应注意以下几点：

1.双脚分开约与肩同宽，小腿与地面垂直，以减缓倒地的冲击力。

2.双手掌心向下，与双脚同时着地，两臂挺直与身体成45度角，臂和肩接触地面，以减缓倒地的冲击力。

3.收腹，避免臀部触地，以防脊椎受伤。

4.下巴紧缩胸前，避免头部触地。

图40 后倒姿势

7　后倒练习

1.开始时姿势（见图41）

两手置于双膝之间成蹲势，双掌平按地面，手指相对；弓背，并将下巴紧缩胸前，以防头部磕碰地面。

2.后倒技巧

向前翻筋斗。前翻后，双脚掌着地与肩同宽，两手掌同时拍地，掌心向下；两臂伸直与身体成45度角；下巴仍紧缩胸前，以防头部磕碰地面。倒地后的姿势如图40所示。

图41　后倒练习开始姿势

8 倒功练习

1.右侧倒

开始时成站立姿势，举左臂过头，掌心向左；向前跨若干步以增加冲力，一旦左脚落地，即将上举的左臂向下成弧形摆动以便向前翻筋斗。前翻时，下巴紧缩胸前；猛地将弯曲的双腿挺出以推动身体，同时以左脚掌及右手掌撑地以承受倒地冲力。整个倒地姿势请参看图36。

2.左侧倒

左侧倒姿势与右侧倒姿势相同，只将其中的“左”变为“右”，“右”变为“左”即可。

3.后倒姿势

开始时成站立姿势并向前跨若干步以增加冲力。具体实施方法请参看“练习后倒姿势”一节。

第五章

摔打基础

在徒手格斗中，有时需要将敌人摔倒以后才能攻击其要害部位。常用的摔打方法有：臀部顶摔、臀部转动顶摔、过肩扛摔、过头摔、绊腿摔、由后摔等。学习摔打，应先学会这些基本方法，再学新的摔打变化动作。

1 概述

在徒手格斗中，有时需要将敌人摔倒以后才能攻击其要害部位。常用的摔打方法有：臀部顶摔、臀部转动顶摔、过肩扛摔、过头摔、绊腿摔、由后摔等。学习摔打，应先学会这些基本方法，再学新的摔打变化动作。

1.速度是摔打制敌的首要因素，但在训练中，尤其应该强调动作的精确性，一招一式都应重视。只要完全掌握了这些动作，速度便可通过不断的练习而得到提高。

2.初训时，假设敌人不会进行抵抗，他只需与训练对手密切配合，完成好倒地姿势，而让对手准确地做好摔打动作即可。

3.左、右摔的动作是相同的，只需将“右”换成“左”，“左”换成“右”即可。

2 臀部顶摔（右或左）

1.开始时面向敌人成防守姿势，左脚置于敌左脚内侧前；同时，以左手掌后部猛顶敌右肩并揪抓其衣服（见图42）。这样一击可使敌失去平衡。

图42 右臀部顶摔（1）

2.以左脚为轴向左转动180度；同时，右臂搂住敌腰部，双臂猛力前拉将敌拉至己方右臀部，使其离地悬空。在完成此项动作时双膝应屈（见图43）。

图43 右臀部顶摔（2）

3.迅速伸直双腿，用臀部猛顶敌腰部；与此同时，向前弯腰并用双手往前往下猛拉将敌摔倒在地（见图44）。即以臀部为支撑点，将敌顶在右臀部上（而不是腿外侧），最后将敌摔倒在地成左侧倒姿势，而后攻击敌要害部位。整个动作，均应保持自身平衡。

图44　右臀部顶摔（3）

3 臀部转动顶摔

1.开始时面向敌人成防守姿势，比臀部顶摔距敌人略近；左脚向前跨一大步，置于敌人右脚外侧数厘米处，身体重心大部分落于左脚；与此同时，左手猛击敌人右臂上部并牢牢抓住此部位（见图45）。这一招式可使敌人失去平衡而后仰。

图45　臀部转动顶摔（1）

2.右脚绕敌人跨步置于其身后，同时右臂抱住敌人腰部；臀部尽量向右挤转，与敌人屁股相对，将敌人拉向自己的右臀部使其悬空；然后以左肘夹住敌人右臂（见图46）。

图46　臀部转动顶摔（2）

3.伸直双腿，以右臀部为支撑点将敌人猛地摔在地上（见图47）。务必记住，应将敌人置于右臀部，而非右腿外侧，始终换抓敌人右臂；将敌人摔倒成左侧倒姿势。格斗中，此招可置敌人于昏迷状态，并可随意打击他的要害部位。

图47　臀部转动顶摔（3）

4　过肩扛摔

1.开始时面向敌人成防守姿势。这一节的开始动作及步法，均与右臀部顶摔的技巧相同。左脚置于敌人左脚的前内侧。与此同时，以左掌后部狠击敌人右肩，并牢牢抓揪其衣服（见图48）。

图48　过肩扛摔（1）

2.以左脚为轴向左转体180度，并在转身时始终以右臂护住头、颈部位。靠近敌人，并以右手抓揪其右肩，然后用双手牢牢揪住此处；在完成转体的同时，将敌人前拉并将其腰部置于自己的臀部处（见图49）：右脚位于敌人右脚之前并稍靠外侧，臂肘紧靠自己的身体，两膝弯曲。

图49 过肩扛摔（2）

3.双腿伸直，弯腰，两手往前下方猛拉，一下子将敌人扛上肩，并将其仰摔在地（见图50）。

图50　过肩扛摔（3）

5 过头摔

1.应用这一扛摔方法时应当充分借助敌人的冲力。开始时以防守姿势面对敌人，距敌人约五六步；当敌人冲来时，即可牢牢地蹬住他的腹部（见图51）。

图51 过头摔（1）

2.双手始终牢牢抓住敌人的衣领，脚掌牢牢蹬住敌人腹部；借助敌人的冲力，用手猛拉敌人并用脚将他蹬起，使他悬空；同时，趁势后坐，待臀部着地成坐地姿势时，继续向后滚翻，直到背部和肩部着地（见图52）。

图52　过头摔（2）

3.双手把敌人牢牢抓住不放，弓背，双臂回拉，双肩着地的同时用脚猛蹬敌人腹部，将其蹬向空中，敌人摔下后便成后倒姿势（见图53）。

图53　过头摔（3）

4.双手牢牢抓住敌衣领，使自己完成后翻动作，并骑坐在敌胸部之上（见图54）。

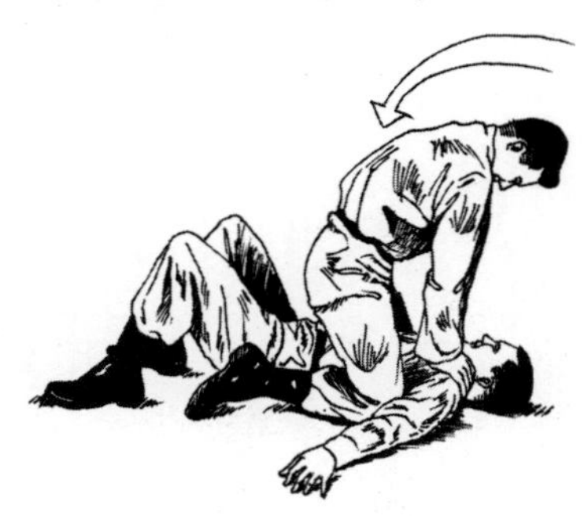

图54　过头摔（4）

6　绊腿摔

1.开始时面对敌人成防守姿势，然后左脚跨出置于敌右脚外侧，迅速以双手掌跟猛力击敌双肩并抓住其衣服。此一击可使敌失去平衡而后仰（见图55）。

图55　绊腿摔（1）

2.身体前移，重心置于左脚，两手始终抓住敌人肩部；在转移身体重心的同时，右腿向前成弧形，在自己的左腿和敌人的右腿之间摆动（见图56）。

图56　绊腿摔（2）

3.抬起自己的右腿猛向下后方踢去，并用小腿部猛力击打敌人的小腿；在击中其右腿的同时，猛推敌人的肩部，将其摔倒在地（见图57）；接着猛击敌人要害部位。

图57 绊腿摔（3）

7　由后摔

1.开始时为防守姿势，站在敌人的背后，面向其背部；然后左脚向敌人跨步，置于其左脚稍后处，同时双手迅速举起，手掌向下，放到敌人双肩上方的地方（见图58）。

图58　由后摔（1）

2.用脚踹敌人的膝窝，同时用双手猛力抓住敌人双肩并向右后拉，使敌人失去平衡（见图59）后仰摔在地。当敌人倒地时，随即用膝顶撞其头颈部位，使其顿时失去知觉。

图59　由后摔（2）

第六章

基本摔打动作的各种变化样式

基本摔打动作可以发展出各种变化样式，但万变不离其宗，打好基础最重要。

1　臀部顶摔变化

1.将敌人的双臂牢牢别住，以右肘压其左臂，以左肘扣挽右臂（见图60）。

图60　臀部顶摔变化（1）

2.用双手抓住敌人的右手腕，并将臀部作为支撑点（见图61）。

图61　臀部顶摔变化（2）

3.用右臂搂住敌人的脖颈（代替搂腰），并以左手握右臂来卡紧敌人脖颈（见图62）。

图62　臀部顶摔变化（3）

2 臀部转动顶摔变化

1.改变以右臂抱住敌人腰部的办法，代之以锁喉动作（见图63）。

图63 臀部转动顶摔变化（1）

2.按上述动作搂住敌人的脖颈后，用另一只手握住勒紧敌人颈部的手臂，这是很有力的锁喉动作（见图64）。

图64　臀部转动顶摔变化（2）

3 过肩扛摔的变化

1.面向敌人，用左手抓住敌人的右手腕。这一动作用于防止被敌人过头扛摔。然后向左转体180度，在转体的同时将敌人前拉。用右手牢牢抓住他的大臂，并将他扛过右肩摔倒在地（见图65）。

图65 过肩扛摔的变化——抓敌肩膀

2.面向敌人，用右手揪住敌人左面的衣领，右前臂顶在敌人右臂的腋窝下部，向左转体180度；与此同时，左手抓住敌人的右肘，并将敌人扛过右肩（见图66），摔倒在地。

图66　过肩扛摔的变化——揪敌衣服

4　背后锁喉摔打

1.从防守姿势开始，站在敌人的背后，右脚向前跨出一步，置于敌人身后，同时猛然伸出右臂，掌心向下，钩住敌人的颈部，以小臂骨狠击敌人的喉结；用左拳猛击敌人的腰部，使他因失去平衡而后仰（见图67）。

图67　背后锁喉摔打（1）

2.右臂仍紧紧钩住敌人颈部，左拳顶住敌人腰部，并以头部顶压其头左侧，往后拉，使其始终不能保持平衡而摔倒在地。此时，可以腹部着地，撑在地上，使敌人的背部着地，整个身体与自己成一条直线；同时双腿分开以防敌人滚翻（见图68）。

3.右臂紧勒敌人喉部，下巴置于右手背，将敌人头部牢牢锁住，右臂猛拉，右肩向上摆动，置于敌人的头后部，其压力足以锁住或抓断敌人的脖颈。

4.在实际格斗中，从背后向敌人实施凶猛攻击时，可运用上述摔打方法；但在训练中切不可动用此方法，以免假想敌人在仰卧时颈部受伤。

图68　背后锁喉摔打（2）

第七章

擒拿

擒拿的两个主要目的是：

1.挤压敌人身体的某些部位，迅速击毙敌人；

2.抓住敌人，直至能打击其身体各个易伤部位。

1　概述

擒拿的两个主要目的是：

1.挤压敌人身体的某些部位，迅速击毙敌人；
2.抓住敌人，直至能打击其身体各个易伤部位。

2　正面卡脖

1.正面卡脖是对付以低姿势正面攻击自己的敌人的最好方法，当敌人向前冲击时，格斗者可用左手猛击敌人右肩，来减缓他的运动；同时以右小臂勒住敌人喉部，将其头部牢牢挟在右臂下，右手死死扣住左手腕关节。运用身体后仰和右小臂上提的挤压方法，可使其窒息（见图69）。

图69　正面卡脖

2.完成正面卡脖还有另一个更为迅速的动作，那就是用左手牢牢抓住自己的右手掌外侧（见图70），使劲向胸前拉，同时猛地向后仰。只要严格地按照上述方法执行，任何一种卡脖动作都能在十秒钟内使敌人失去知觉；继续以右小臂内侧骨有效地勒住敌人的喉头处，最多一分钟便可使其毙命。

图70　正面卡脖的变化

3 揪领卡脖

掌心向下，双手紧紧揪住敌人的衣领（见图71），以翻领为杠杆，用食指第二关节顶压敌人颈侧的动脉，两拇指由其喉头下部向内侧按压。当敌人倒地和无力回击格斗者的小腹时，运用此招最为有效，它可致使敌人大脑供血中断，失去知觉并最终丧命。

图71　揪领卡脖

4　双手交叉揪领卡喉

此招用于对付不系领扣或穿翻领外衣和夹克的敌人最为有效。实施时，双手从腕部交叉揪住敌人敞开的衣领，拇指在外，其他手指均在衣领内（见图72）；手指拽紧衣领，双手剪卡敌人的喉部。如揪抓得当，可使敌人倒地后不省人事。此种卡喉方法也可从背后实施。即双臂在敌人喉部前交叉揪住其衣服，往后拽的同时双手压迫敌人喉部。

图72　双手交叉揪领卡喉

5　别臂按头

1.从背后用双臂插入敌人腋下，并将双手置于其头后部，扣紧十指（见图73）。

图73　别臂按头（1）

2.往下压迫敌人头部的同时向上抬他的手臂（见图74）。

图74　别臂按头（2）

6 扼背

1.从背后抓住敌人的手或手腕并向后拉，将其小臂别向头部；右手抓住他的肘部并将他的手臂用力上举，即可使其肩脱臼（见图75）。

2.做正面扼背动作时，则是用双手抓住敌人右手，向左转体180度；转体的同时，将敌人的手臂上举过头，并迅速闪身，跨步立于敌人后侧。

图75　扼背

7 背后锁喉

1.从背后接近敌人的时候，通常采取背后锁喉法。左手拍压敌人后脑的同时，右小臂从右侧横插其脖颈处（见图76）。插入时猛击敌人的喉头，可使他顿时昏厥。

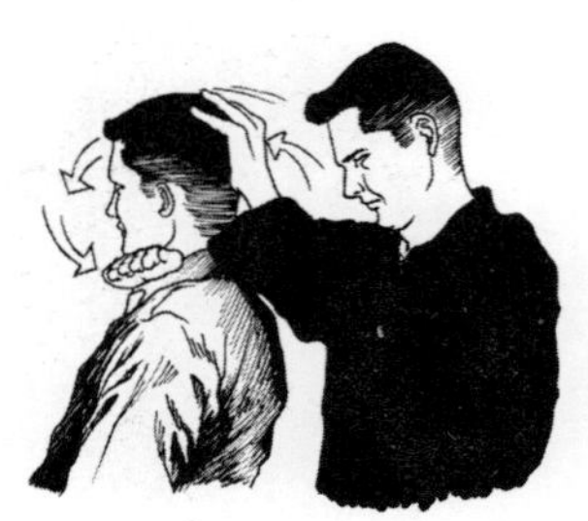

图76 背后锁喉（1）

2.将左肘置于敌人的左肩，右手锁住他的喉（见图77）；左手置于敌人头后部向前按压，使他的身体前倾。此招足以折断敌人的脖颈。做此动作时，右小臂骨内侧要始终压住敌人的喉头。

图77　背后锁喉（2）

8　双腕锁擒

1.用左手抓住敌人的右腕，右臂压夹敌人的上臂，然后右手从他的肘弯下伸过去，抓住自己的左腕，以完成双腕锁擒动作（见图78、图79）。

图78　双腕锁擒（正面）

图79　双腕锁擒（侧面）

2.完成上一个动作之后，再向后上方扭臂扼背（见图80）。

图80　双腕锁擒扼背

3.图81，则是双腕锁擒的另一变化样式。

图81　双腕锁擒变化

第八章

反擒拿

一旦格斗者被敌人抓住，则应在敌人完成卡压动作之前或刚刚完成之后，迅速让自己脱身。咬、踢或打击敌人易伤部位，均有助于破解敌人的抓揪。等到自己脱身后，应当立即进行防守，同时寻找时机向敌人发起攻击。

1 概述

一旦格斗者被敌人抓住，则应在敌人完成卡压动作之前或刚刚完成之后，迅速让自己脱身。咬、踢或打击敌人易伤部位，均有助于破解敌人的抓揪。等到自己脱身后，应当立即进行防守，同时寻找时机向敌人发起攻击。

2 破解卡喉

1.当敌人企图卡住你的喉部时，应把手臂弯成弧形，并打出一拳（见图82）来破解敌人的招式。

图82 破解卡喉（1）

2.把手臂弯成弧形，抡拳猛击敌人手臂的同时，向挥臂的方向转体，尽可能以身体重量加大挥动臂膀的力量（见图83）。此招可迫敌人松手，并在敌人反应过来之前，迅速以手掌外侧向后猛击他的面部或脖颈。

3.此种解脱法也可用于对付背后卡喉：挥臂并向后转体，尽快使自己面向敌人。

图83　破解卡喉（2）

3　另一种破解卡喉方法

1.如敌人已成功地卡住了自己的喉部，那么自己就应双手紧握在一起（见图84），右手紧握左掌外侧，右拇指紧扣左拇指，手指不可连锁。

图84　另一种破解卡喉方法（1）

2.双手从敌人的手臂间猛往上撞，以迫使敌人松手（见图85）。

图85 另一种破解卡喉方法（2）

3.然后以此姿势，用握紧的拳头猛击敌人鼻梁，或者抓住其后脑往下压，并抬腿以膝关节顶撞敌人头部（见图86）。在破解敌人的抓揪后，也可分开两手用掌外侧猛击敌人的锁骨部位。

图86　另一种破解卡喉方法（3）

4 身体被按靠在墙壁上时的破解双手正面卡喉

1.格斗者常常会碰到这样的情况：当他背后横着一堵墙时，敌人便试图伸直胳膊用手指狠卡格斗者脖颈，并使劲往墙壁上推（见图87）。

图87 破解双手正面卡喉（1）

2.解脱方法是：将右手掌置于敌人的左肘部位，左手掌置于敌人的右肘部位，用劲向内挤压并推开敌人（见图88），使敌人不能充分运用手指的力气卡喉。为迫使敌人后退，可用膝盖向上顶撞，或以脚尖猛踢敌人的裆部。

图88 破解双手正面卡喉（2）

5　破解正面臂上箍抱

1.当敌人从正面将格斗者的身体和胳膊牢牢抱住时（见图89），解脱方法是用拇指顶击敌人的裆部，迫使他屁股向后蹶，并与格斗者拉开一定的距离（见图90）。

图89　破解正面臂上箍抱（1）

图90　破解正面臂上箍抱（2）

2.以左脚为轴转体，将右脚置于敌人右脚外侧；右臂从敌人左臂下插过并横搂其背，左手抓住敌人大臂猛拉；用臀部顶撞其腹部的同时身体猛向左扭，右臂上抬，左手下拉，将敌人顶在臀部，并将其摔倒在地（见图91），接着打击其易伤部位。

图91　破解正面臂上箍抱（3）

6　破解正面抱腰

1.敌人用正面锁臂抱腰的方法，将格斗者拦腰抱住，并试图使其后仰（见图92）。

图92　破解正面抱腰（1）

2.解脱的方法是：将左手拇指置于敌人的鼻底部位，右臂环抱敌人腰部；左手拇指下压，右手内拉，迫使敌人松臂或后倒（见图93）。

图93　破解正面抱腰（2）

7 破解双手抓单腕

1.敌人用双手抓住格斗者的一只手腕（见图94）。

图94 破解双手抓单腕（1）

2.解脱方法：右脚前跨，屈双膝，身体挺直；右肘回拉到腹部，左手交叉并握住右拳（见图95）。

图95　破解双手抓单腕（2）

3.突然挺直双腿，用身体、胳膊的力量向回拉，使敌人拇指受压而松手。解脱的同时，用右掌外侧狠击敌人的头部或脖颈（见图96）。

图96　破解双手抓单腕（3）

8　破解抓两腕

1.敌人可能从上面抓住格斗者的两只手腕（见图97）。

图97　破解抓两腕（1）

2.解脱方法：双脚前跨，屈膝下蹲；同时屈臂，使两肘向下拉至靠近小腹处，将敌人向前下方拉（见图98）。

图98　破解抓两腕（2）

3.双腿猛然伸直，身体挺立，两臂上举，整个动作同时完成。破解两腕被抓的有效动作，至关重要的是速度（见图99）。

图99 破解抓两腕（3）

9　破解由后单臂锁喉

1.敌人可能由背后用单臂锁喉的方法，向格斗者发起进攻（见图100）。

图100　破解由后单臂锁喉（1）

2.格斗者则应举起左手，抓住敌人的右小臂，在下拉他的小臂的同时，将自己的下巴紧收胸前使敌人难以卡喉；右手则抓住敌人的右肩（见图101）。

图101　破解由后单臂锁喉（2）

3.双手始终抓牢敌人的小臂和肩膀，用臀部顶撞其腰部，采取迅速弯腰和挺腿的方法，将敌人从头顶摔下（见图102）。

图102　破解由后单臂锁喉（3）

10　破解由后连臂箍抱

1.敌人有可能从背后将格斗者的身体连胳臂牢牢抱住（见图103）。

图103　破解由后连臂箍抱（1）

2.解脱方法：用脚跺敌人的脚背或踢敌人的小腿；猛抬双肘与肩齐平，同时，双膝弯曲，使身体略低（见图104）。

图104　破解由后连臂箍抱（2）

3.身体略向右转，并以肘部猛击敌人身体侧面或肋部，这样敌人就会松手（见图105）。

图105　破解由后连臂箍抱（3）

4.接着，用右手抓住敌人的右肘上方部位，左手抓住他的右手腕，并将他从头顶摔下（见图106）。当敌人被摔倒在地时，便猛击他的易伤部位。

图106　破解由后连臂箍抱（4）

11　破解由后臂下箍抱

1.敌人可能由背后从臂下将格斗者拦腰抱住（见图107）。

图107　破解由后臂下箍抱（1）

2.解脱的方法：弯腰，用手抓住敌人的左膝盖，将身体大部分重量落在此处（见图108）。

图108　破解由后臂下箍抱（2）

3.这样，格斗者便有了坚定的支撑点；移动双脚并将左腿置于敌人的右腿之后。一旦自己双脚站稳，左手随即钩住敌人的左膝，右手钩住他的右膝（见图109）。

图109　破解由后臂下箍抱（3）

4.将敌人双脚提离地面，离地越高越好（见图110）。

5.如敌人已松手，就将他的头猛烈撞击地面；如果敌人仍抱住不放，则顺势将其头朝地面猛撞。

图110 破解由后臂下箍抱（4）

12　破解由后臂下箍抱的另一种方法

1.敌人采取由后臂下箍抱的方法（如前面所述），同时叉开双腿，将一条腿插在格斗者两腿之间；并将头压在格斗者肩胛处，使格斗者抓不着（见图111）。

图111　破解由后臂下箍抱的另一种方法（1）

2.解脱方法：迅速弓腰，并牢牢抓住敌人前插腿的脚腕（见图112）。

图112 破解由后臂下箍抱的另一种方法（2）

3.抓住敌人脚腕的同时挺直身体，即可压住敌人的膝部，使其松抱（见图113）。如果敌人依然没有松手，那么格斗者就可顺势后倒，以身体猛压他的肋部。

图113　破解由后臂下箍抱的另一种方法（3）

第九章

持刀攻击

如果使用得当，一把刀（或刺刀）就是一件置敌人于死地的武器。格斗者在执行侦察任务时，可以用它悄无声息地杀死敌方的哨兵，或者在没有枪支的情况下，用刀与敌人展开搏斗。

1　概述

如果使用得当，一把刀（或刺刀）就是一件置敌人于死地的武器。格斗者在执行侦察任务时，可以用它悄无声息地杀死敌方的哨兵，或者在没有枪支的情况下，用刀与敌人展开搏斗。

2　持刀方法

1.至关重要的是要牢牢地控制住刀。握刀时，将刀柄斜放在张开的手掌上（见图114）。

图114　持刀方法（1）

2.拇指和食指紧挨刀柄护手，中指包住刀柄中部，握住刀柄（见图115）。

图115　持刀方法（2）

3.这样握刀可使刀很容易向所有方向转动，即依靠食指和中指配合，以及转动手腕来控制刀尖的方向。右手握刀，掌心向上时，便可向左、右刺；掌心向下时，也可向任何一个方向刺。无论掌心向上或向下，均可进行刺杀。当刀接触人体时，则用全部手指紧握刀柄（见图116）。

图116　持刀方法（3）

3　攻击姿势

进行持刀攻击时的姿势，与徒手格斗时的防守姿势大致相同（见图117、118）。唯一不同的是右臂下垂，右手握刀，置于右腿外侧；左臂和手掌成防守或挡击的姿势，以便为右手进行砍、刺创造条件；

图117　姿势（正面）

还可用左手在敌人眼前晃动，或朝敌人投掷东西，或示以突然的攻击动作，达到分散敌人注意力的目的。采取此种姿势时，双膝应稍弯曲，以便于身体运动和掌握平衡，并有利于防护肋部和喉部。

图118　姿势（侧面）

4 姿势变化

变化姿势时，格斗者在砍、刺敌人之前，始终应该将手握的刀藏于右腿之后（见图119、120）。

图119 姿势变化（正面）

图120　姿势变化（侧面）

5　正面攻击

当格斗者持刀从正面向敌人发起攻击时，敌人必将本能地保护他的腹部和喉部。如果这两处的任何一个部位受伤，敌人必定会惊恐万状，甚至忘却自卫，格斗者即可趁势将其刺死。

1.喉部 格斗者可用刺或砍的方法攻击敌人的喉部。如果用刀尖对准敌人的喉结下方部位（即咽喉处），那么用刺的方法更为有效（见图121）。因为这样可切断敌人的颈静脉，并使他迅速毙命。用刀砍敌人脖颈两侧的颈动脉，则可使他因大出血而在数秒钟内死亡。

图121　刀刺咽喉

2.腹部 用刀尖刺入腹部并转动刀刃，敌人会感到疼痛难忍（见图122），以至昏厥。在这种情况下，敌人就失去了自卫能力，随后格斗者便可对他施以致命的打击。如果敌人腹部深处受伤而又不能及时得到包扎抢救，那么他只有死路一条。

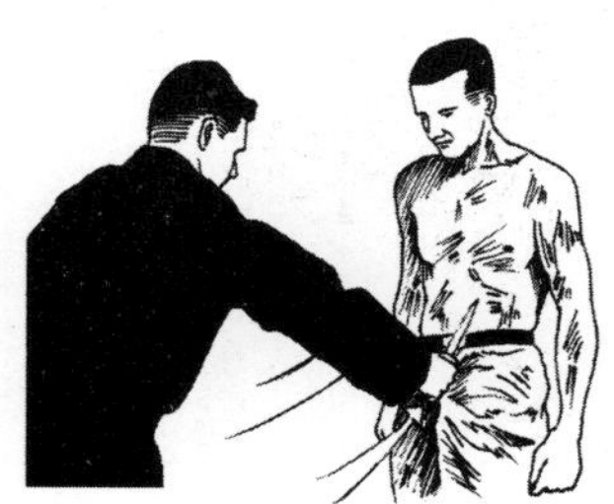

图122　刀刺腹部

3.心脏 刺中心脏可使敌人立即丧命（见图123）。由于心脏有肋骨保护，往往不易刺中，但使劲一刺，也可滑过肋骨穿透心脏。

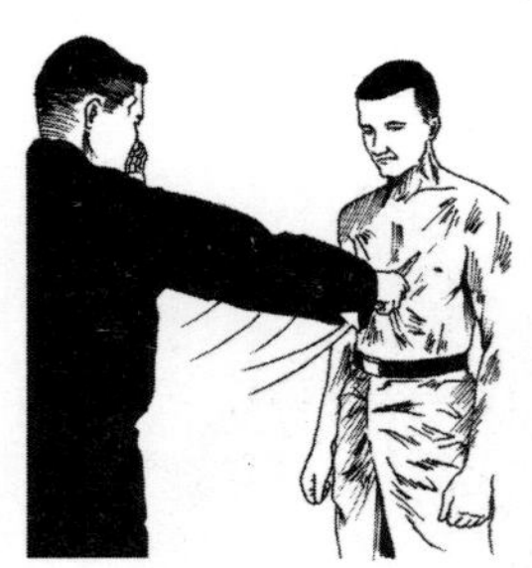

图123 刀刺心脏

4.手腕 用刀砍手腕，能割断桡动脉，两分钟内敌人就会毙命（见图124）。此招对付企图抓揪格斗者衣服和胳臂的敌人最为有效。桡动脉在皮下6毫米处。切断敌人桡动脉将使他在半分钟内失去知觉。

图124　刀砍手腕

5.小臂 用刀砍手臂上部的肘关节内侧，可切断敌人的臂动脉，两分钟内敌人就将一命呜呼（见图125）。臂动脉位于皮下12毫米处，被切断后，15秒钟内敌人就会失去知觉。

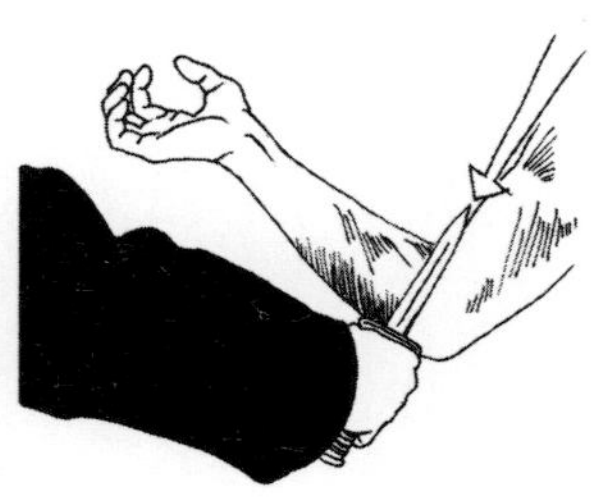

图125　刀斩小臂

6.腿 用刀砍敌人大腿内侧，可切断其股动脉，从而废掉他的大腿（见图126）。

图126　刀切大腿

6　由后攻击

从背后攻击敌人时，格斗者应在接近敌人1.7米外时就迅速向敌人发起攻击。

1.肾部 用刀刺入敌人肾部的同时，用另一只手捂住他的嘴和鼻（见图127）。拔刀后再砍他的喉部。刺中肾脏，可使敌人感到剧痛，并导致敌人内出血和死亡。

图127　持刀由后刺敌肾部

2.颈侧　用刀刺入敌人颈侧部位，是悄然攻击敌人的有效方法（见图128）。

图128　持刀由后攻击敌颈侧

3.喉部 由后横割敌人的喉部，可切断他的气管和颈部静脉（见图129）。

图129 持刀由后击敌喉部

4.锁骨下动脉 锁骨下动脉在锁骨与肩胛骨之间的皮下约6.5厘米处。刺敌人的锁骨下动脉，格斗者应像抓握冰锥一样握刀（见图130）。抽刀时，应摇晃刀刃以尽量扩大伤口。此动脉难以刺中，但一旦刺中，就会血流不止。这样，敌人将在数秒钟内失去知觉，很快就会死去。

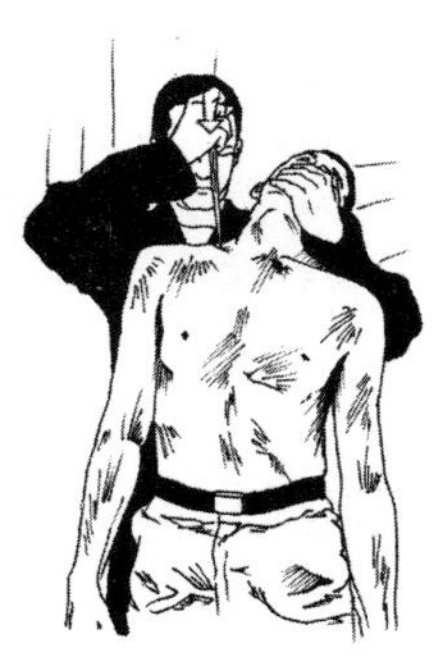

图130　持刀由后刺敌锁骨下动脉

第十章

夺刺刀

本章将分别叙述对付敌人突刺和冲刺的方法。所谓突刺，是指敌人的刺刀尖已逼近你的身体（在训练时，刺刀尖距徒手士兵约为一臂的距离）；而所谓冲刺，是指敌人刺刀尖距离你的身体稍远（超过一臂约一尺）。在训练中，学员可根据自己对上述距离的判断，分别练习对付突刺或冲刺的方法；但在实际战斗中，不管哪种方法均可使用。此外，在训练时，徒手士兵需待持枪者刺出之后，再出手去夺。

1 概述

本章将分别叙述对付敌人突刺和冲刺的方法。所谓突刺，是指敌人的刺刀尖已逼近你的身体（在训练时，刺刀尖距徒手士兵约为一臂的距离）；而所谓冲刺，是指敌人刺刀尖距离你的身体稍远（超过一臂约一尺）。在训练中，学员可根据自己对上述距离的判断，分别练习对付突刺或冲刺的方法；但在实际战斗中，不管哪种方法均可使用。此外，在训练时，徒手士兵需待持枪者刺出之后，再出手去夺。

2 对付突刺

1.如果敌人采取突刺，那么格斗者则应身体向左倾而双脚原地不动，同时用右手掌将刺刀挡离自己的身体（见图131）。

图131 对付突刺之敌（1）

2.当刺刀掠过身体的一刹那，迅速用右手抓住放在枪护木上的敌人的左手，同时左脚向敌人右侧跨出一大步，左手抓住敌人的枪下部，使枪护木部位抵压于左肩，左手抓住敌人握枪的右手（见图132）。

图132　对付突刺之敌（2）

3.左手回拉而右手前推，身体重心落在左脚，用右小腿的腿肚撞击敌人的右腿肚（见133）。

图133　对付突刺之敌（3）

4.敌人一定会倒地松手（见图134）。夺过敌人的刺刀后便可将他刺死。

图134　对付突刺之敌（4）

3 对付突刺的第二种方法

1.当敌人刺来时，格斗者用右手掌将他的刺刀向左方挡，同时，右脚向右侧斜跨。这样格斗者即成面对敌人枪侧的姿势，并用右腿护住裆部（见图135）。

图135 对付突刺之敌的第二种方法（1）

2.左手手掌向上抓住敌人的枪上部；同时，以右掌外侧猛砍敌人左肘内侧（见图136）。

图136　对付突刺之敌的第二种方法（2）

3.抓紧枪杆，左脚迅速向前跨至敌人的左脚跟侧后，将枪成弧形从敌人肩上向后猛然一扭（见图137）。如敌人继续抓住枪不放，就踢踹他易伤部位并猛拉其枪，接着夺过枪并攻击敌人。

图137　对付突刺之敌的第二种方法（3）

4 对付突刺的第三种方法

1.当敌人刺来时，格斗者用左手掌将其刺刀挡向自己的右边，左脚向左内侧斜跨，使自己面对敌人刺刀侧面，用左腿护住裆部（见图138）。

图138 对付突刺之敌的第三种方法（1）

2.右手掌向上，抓住敌人枪护木附近的任一部位，左手掌向下抓住敌人的枪膛处（见图139）。

图139　对付突刺之敌的第三种方法（2）

3.双手紧抓不放，右脚迅速绕过敌人向前跨步，并猛地将枪向后上方以弧形压过敌人肩膀，从其手中扭脱（见图140）。然后转体，用枪托或刺刀将敌人杀死。

图140　对付突刺之敌的第三种方法（3）

5　对付冲刺

1.当敌人用冲刺的方法刺来时，格斗者应用右手掌将敌人的刺刀挡向自己的左边，右脚同时向右侧斜跨，使自己面对敌人的枪侧，用右腿护住裆部（见图141）。

图141　对付冲刺之敌（1）

2.左手掌向上托抓敌人的左手和枪（见图142）。

图142　对付冲刺之敌（2）

3.向左前方转体，将右腿置于敌人身体的正前方（见图143）。

图143　对付冲刺之敌（3）

4.右手掌向下抓握敌人的枪膛处，抢夺敌人的枪并将敌人横拉过右腿，同时以右肘部使劲挤压敌人的左臂或肘部外侧（见图144）。当扭夺敌人枪时，用肘部向下狠劲挤压，一定可以抓伤敌人的肘部。

图144　对付冲刺之敌（4）

5.继续扭夺敌人枪并将敌人拽拉过腿，将其摔倒在地（见图145）。

图145 对付冲刺之敌（5）

6.重新抓好枪，然后向敌人攻击（见图146）。

图146　对付冲刺之敌（6）

6 对付冲刺的第二种方法

1.如果敌人冲刺过来，格斗者应用左手掌将敌人的枪刺拨向右边，随后左脚向左前方移步；同时，身体扭向左侧，这样使自己面对敌人枪侧，并用左腿护住裆部（见图147）。

图147 对付冲刺之敌的第二种方法（1）

2.用双掌打击枪口附近，将敌人的刺刀朝下推压（见图148），但自己的身体不得随着枪朝下移，而是让枪刺随着敌人的前冲惯性扎进地里。

图148　对付冲刺之敌的第二种方法（2）

3.左手抓住敌人的枪托，右手抓揪敌人头或背的任一部位（见图149）。

图149 对付冲刺之敌的第二种方法（3）

4.将枪托拖至敌人身后，同时，右手拽拉敌人，将敌人摔倒在地（见图150）。

图150 对付冲刺之敌的第二种方法（4）

5.把枪夺过来拿在自己手中，使自己处于进攻地位（见图151）。

图151　对付冲刺之敌的第二种方法（5）

第十一章

夺枪

缴夺敌人手中的步枪或手枪时，格斗者的每一个动作都应该迅速、果断。尽管敌人拥有武器，但格斗者却处于有利态势，因为格斗者深知自己准备怎么处置，而敌人却不得不跟随着格斗者的动作节奏走。无论敌人的反应如何迅速，仍不可能跟上你快节奏的动作。

1　夺枪的速度

缴夺敌人手中的步枪或手枪时，格斗者的每一个动作都应该迅速、果断。尽管敌人拥有武器，但格斗者却处于有利态势，因为格斗者深知自己准备怎么处置，而敌人却不得不跟随着格斗者的动作节奏走。无论敌人的反应如何迅速，仍不可能跟上你快节奏的动作。

2　正面夺步枪

1.当听到敌人喝令“举起手来”时，格斗者则上举双手与肩平（见图152）。

图152　正面夺步枪（1）

接着，上身向右扭，左手挡开敌枪口（见图153）。两个动作同时进行，一气呵成。

图153　正面夺步枪（2）

2.挡击枪口的同时，左脚前跨，右手抓握枪上方的枪护木，左手抓住枪托狭小的部位（见图154）。

图154　正面夺步枪（3）

3.左手回拉，右手外推，右脚向敌右方跨出，这样即可使敌失去平衡，并用枪口部位击敌头部，或将枪扭过其右肩而夺取之（见图155）。

图155　正面夺步枪（4）

3　夺背后步枪

1.如果敌人用步枪对准格斗者的后背（见图156），格斗者则应随着敌人的命令举起双手；当双

图156　夺背后步枪（1）

手举至肩高时，双脚原地不动，臀部突然右拧，并且带动右肘向后击打敌人的枪口，将枪挡离自己的身体（见图157）。

图157　夺背后步枪（2）

2.接着，以右脚为轴向右转体，面向敌人，右臂从枪下伸过，置于敌人的左手腕外侧，左手置于敌人右手所在的枪托处，或从上面抓握枪管（见图158），以防敌人用枪托击打自己。

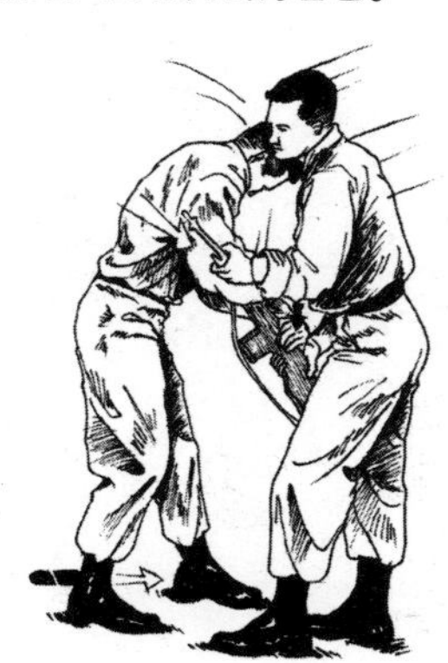

图158 夺背后步枪（3）

3.左手回拉，右肩和右臂向下推压，迫使敌人下蹲并使枪脱手（见图159）。

图159　夺背后步枪（4）

4　正面夺手枪

1.当敌人喝令格斗者举手时，格斗者应尽量将双肘放低（见图160）。

图160　正面夺手枪（1）

然后猛向右转体，并用左小臂去打敌人的手腕（见图161）。

图161 正面夺手枪（2）

2.右手抓住敌人的枪管，切不可用手去封堵枪口；与此同时，用左拳向下猛击敌人手腕（见图162）。

图162 正面夺手枪（3）

3.用左拳打击敌人手腕的同时，右手将枪朝敌人身体方向拧动，迫使其松手（见图163）；如果敌人不撒手，其食指将被折伤。格斗者即可趁势用枪托猛击敌人的太阳穴。

图163　正面夺手枪（4）

5　正面夺手枪的第二种方法

1.当格斗者开始举手时，双手突然向前，同时身体向左拧，以避开敌人的射击（见图164）。

图164　正面夺手枪的第二种方法（1）

2.右手从下面抓住或者打敌人的手腕或肘，左手同时抓住其枪管（见图165）。

图165　正面夺手枪的第二种方法（2）

3.而后右手向上推敌人的手腕，左手向下压并去夺他的枪（见图166），敌人一定会松手。

图166　正面夺手枪的第二种方法（3）

6　对付背后手枪

1.当确定敌人右手持枪时，才可使用这种方法（见图167）。

图167　对付背后手枪（1）

2.格斗者双手上举时，两肘应尽量贴紧腰部；向右侧扭身的同时，双脚原地不动，迅速用右肘击打敌人的小臂（见图168）。

图168　对付背后手枪（2）

3.右臂伸到敌人的右小臂下，并置于其肘关节处，这样可用右肘缠钩敌人的小臂（见图169）。

图169　对付背后手枪（3）

4.左手抓住自己的右手，迅速弯腰（见图170），迫使敌人倒地丢枪。

图170　对付背后手枪（4）

7　对付背后手枪的第二种方法

1.当敌人右手持枪时，也可使用这种方法应对。双肘紧挨腰部，上身猛向左扭，并用左肘打击敌人的手腕或小臂（见图171）。

图171　对付背后手枪的第二种方法（1）

2.左臂从敌人的右肘后面绕过，这样使其右臂或手腕处于格斗者的脖颈或肩上（见图172）。

图172 对付背后手枪的第二种方法（2）

3.右手抓握自己的左手，并用左小臂别压敌人的右肘（见图173）；然后迅速向前转体，将敌人摔倒，随着压力的增加，可折断敌人的手臂。做以上还击动作时，应始终避开敌人枪口。

图173　对付背后手枪的第二种方法（3）

8 对付背后手枪的第三种方法

1.敌人无论是右手还是左手持枪，均可用这种方法应对，因为格斗者的动作都相同。下面介绍的是对付右手持枪的方法（见图174）。

图174 对付背后手枪的第三种方法（1）

2.上身向右扭，右肘猛击敌人的手或手腕（见图175）。

图175 对付背后手枪的第三种方法（2）

3.向右转体，左手抓住敌人的右手腕，右掌向上抓住敌人的枪管，将枪管朝敌人胳膊上推，以别压他的手和扣扳机的食指。这样即可迫使敌人松手并可折断他的食指（见图176）。

图176　对付背后手枪的第三种方法（3）

4.右手夺过敌人的手枪，并借助向右转体的惯性，用枪把狠击敌人的下巴或脖颈（见图177）。

图177　对付背后手枪的第三种方法（4）

9 对付颈后手枪

1.这种方法只适用于对付右手持枪的敌人。格斗者双臂上举，肘与肩同高（见图178）。

图178 对付颈后手枪（1）

2.上身向左扭，左臂放在敌人的右肘下方，左腕缠绕敌人的手臂 （见图179）。

图179　对付颈后手枪（2）

3.右手抓握自己的左手，并用左小臂向前缠住敌人的肘部。这样做可折断敌人的手臂，或者将敌人摔倒在地，迫使敌人丢下武器（见图180）。

图180　对付颈后手枪（3）

10　对付颈后手枪的第二种方法

当敌人的右手持枪时，可用此方法对敌人进行攻击；最初的攻击行动，既可从右边开始，也可从左边开始。

1.当敌人用手枪对准格斗者的后颈时，格斗者应将肘举至与肩同高（见图181）。

图181　对付颈后手枪的第二种方法（1）

2.上身猛向右扭，同时将右大臂夹住敌人的手腕（见图182）；如果敌人左手持枪，则用右大臂夹住敌人的左手腕。

图182　对付颈后手枪的第二种方法（2）

3.以右脚为轴转动，将左脚放在敌人右脚附近；右大臂将敌人的手腕紧紧地夹在自己的右侧；左胳膊从敌人的右大臂插过，左手揪住敌人的衬衣或夹克翻领（见图183）；将敌人右手腕紧紧夹在自己一侧，并向上抬左大臂，以折压敌人的肘部。

图183　对付颈后手枪的第二种方法（3）

11　对付颈后手枪的第三种方法

1.当敌人用手枪对准格斗者的后颈时，格斗者应将肘举至与肩同高（见图184）。

图184　对付颈后手枪的第三种方法（1）

2.制服敌人的开始动作与第二种方法相同（见图185）：

图185　对付颈后手枪的第三种方法（2）

3.以右脚为轴转身，左手抓住敌人的肩或上臂；右小臂或手腕从敌人左肘下通过，用右手抓牢左小臂（见图186），以折别敌人肘部的方法迫使敌人弃枪，猛然用劲则可折断敌人的臂。

图186　对付颈后手枪的第三种方法（3）

12 协助同伴

1.当格斗者从背后接近，并且敌人正用枪对准同伴时，应右手在下，左手上抬与肩同高（见图187）。

图187 由后协助同伴解危（1）

2.用双手同时抓住敌人；右手掌向上抓住并提举敌人持枪的手，左手向前推敌人的上臂（见图188）。

图188　由后协助同伴解危（2）

3.身体向左转，并继续用左手推击、右手向后提拉的方法（见图189），将敌人摔倒或造成敌人的肩脱臼。

图189　由后协助同伴解危（3）

13 对付敌以手枪对准格斗者和同伴的方法

1.开始姿势是右手上举（见图190），敌人将手枪忽儿对准你，忽儿又对准你的同伴。格斗者此时站在同伴的左侧。

图190　对付敌以手枪对准格斗者和同伴的方法（1）

2.在敌人将枪口移开的一刹那，格斗者左脚迅速向前跨步，以左手握敌人持枪的手背，用力将枪推向敌人的左方（见图191）。

图191　对付敌以手枪对准格斗者和同伴的方法（2）

3.右脚跨进一步，左脚迅速跨出一大步，使自己位于敌人前面，并且背部朝向敌人；与此同时，将敌人握枪的手向左拧，使其掌心上翻，并将其右手牢牢地夹在自己的左腋下（见图192）。

图192　对付敌以手枪对准格斗者和同伴的方法（3）

4.用腋窝压敌人的右肘并向上提，迫使敌人弃枪或将他的臂折伤（见图193）。

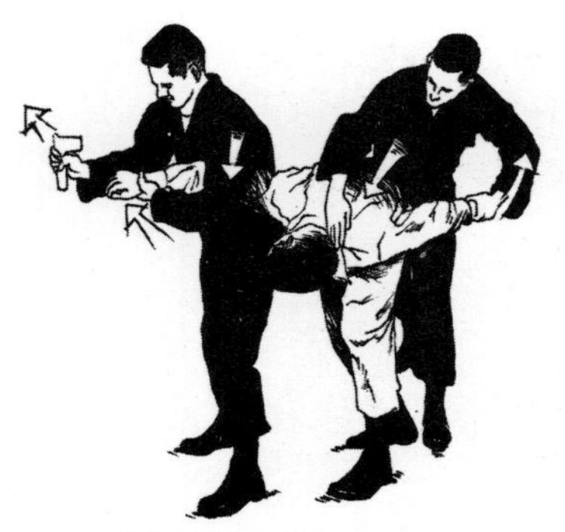

图193　对付敌以手枪对准格斗者和同伴的方法（4）

第十二章

夺刀

1 对付下刺的方法

1.以下介绍的对付下刺的方法，用于当敌将刀高举过肩并朝格斗者刺来之时（见图194）。

图194 对付下刺的方法（1）

2.用右拳（从腕部使拳略向前弯曲）撞击敌右手腕，在敌右手腕骨骼突出处挡住敌持刀之手（见图195）。

图195 对付下刺的方法（2）

3.右脚前跨以保护裆部；与此同时，以右小臂或手腕猛击敌右肘弯部，使其臂弯曲（见图196）。

图196　对付下刺的方法（3）

4.左手置于敌右小臂之后并抓握自己的右小臂（见图197），将肘向身体紧收。

图197　对付下刺的方法（4）

5.迅速弯腰以别压敌臂（见图198），使敌向后仰倒并失落其武器。

图198　对付下刺的方法（5）

2　对付下刺的第二种方法

1.左拳向前弯曲，用腕部迎击敌人手腕来挡住他手中拿的刀；右脚跨步来保护裆部；左小臂与地面平行。与此同时，右手置于敌人持刀手的臂部下方，并抓住自己的左拳（见图199）。

图199　对付下刺的第二种方法（1）

2.迅速弯腰并别压敌人的手臂（见图200），迫使敌人后倒并让他手中的武器掉落。

图200　对付下刺的第二种方法（2）

3　对付上刺的方法

1.挡住朝上刺来的刀的招式，就是用两臂在腕部交叉成“V”字形，以迎击敌人的手腕或小臂。同时，双脚略微后跳，提防敌人刺中自己的腹部（见图201）。

图201　对付上刺的方法（1）

2.一旦阻止住敌人的上刺，便可用左手握住敌人的右手，同时用右手抓住敌人的手腕，左手拇指放在敌人的手背上（见图202）。

图202　对付上刺的方法（2）

3.向左扭住敌人的手腕，并别压敌人的小臂，使敌人倒地（见图203）。

图203　对付上刺的方法（3）

4　对付上刺的第二种方法

1.另一种对付敌人上刺的方法，就是用双手形成“V”字形以截击敌人的手腕或小臂（见图204）。

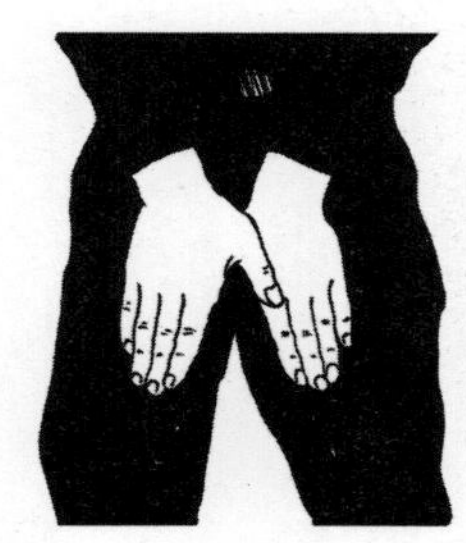

图204　对付上刺的第二种方法（1）

2.两臂伸直，一旦阻止住敌人的攻击，便可迅速小步后跃，以使自己的腰部远离敌人的刀尖（见图205）。

图205　对付上刺的第二种方法（2）

3.双手牢牢卡住敌人的手腕，并用左脚尖为轴向左转体；同时将敌人持刀的手上举，并直接向敌人臂下跨步（见图206）。

图206　对付上刺的第二种方法（3）

4.以这种姿势弯腰，向前下方猛烈折敌人的手臂，同时将敌人摔倒（见图207）。

图207　对付上刺的第二种方法（4）

5　对付上刺的第三种方法

1.基本动作如上一节的1、2所述。

2.用双手牢牢抓住敌人的手腕，并向右转体；上举敌人的手臂，并将它放在自己的左肩上（见图208）。

图208　对付上刺的第三种方法（1）

3.将敌人的手臂向下压，这样足以将敌人摔倒或折断敌人的手臂。这种方法还可有所变化，即向敌人臂下跨步并转到他的背后，将他的手臂向后别，迫使他放下刀子（见图209）。转体时格斗者必须动作迅速，防止敌人从手中挣脱。

图209　对付上刺的第三种方法（2）

6　对付谨慎接近之敌

1.敌人采取如图210所示的进攻姿势，左脚在前，左手向上平举以防格斗者的打击，右手持刀，随时准备攻击。这种敌人是最险恶的，因为他有充分准备，而且训练有素。碰到这类敌人，格斗者的一切动作都必须准确无误。

图210　对付谨慎接近之敌（1）

2.当敌人接近时，格斗者首先应迅速侧身倒地，使身体靠近敌人的双脚并向左转身。用左脚背钩住敌人的前脚踝关节，并用右脚蹬踹敌人的膝盖处（见图211）。

图211 对付谨慎接近之敌（2）

3.用手和小臂着地，以便减缓倒地时的冲力。用这种钩踹动作，足以使敌人后倒。一旦敌人倒地，旋即抬起右脚猛踢他的裆部或腰部（见图212）。

图212 对付谨慎接近之敌（3）

第十三章

摸哨

掌握摸哨的技巧，可使格斗者能够以迅雷不及掩耳之势，从背后向敌人突然袭击，并且将敌人杀死。

1 概述

掌握摸哨的技巧，可使格斗者能够以迅雷不及掩耳之势，从背后向敌人突然袭击，并且将敌人杀死。

2 掰钢盔折脖

1.右手抓住敌人钢盔的前帽檐，同时左小臂置于敌人的后颈，并将左手掌放在敌人的右肩上（见图213）。

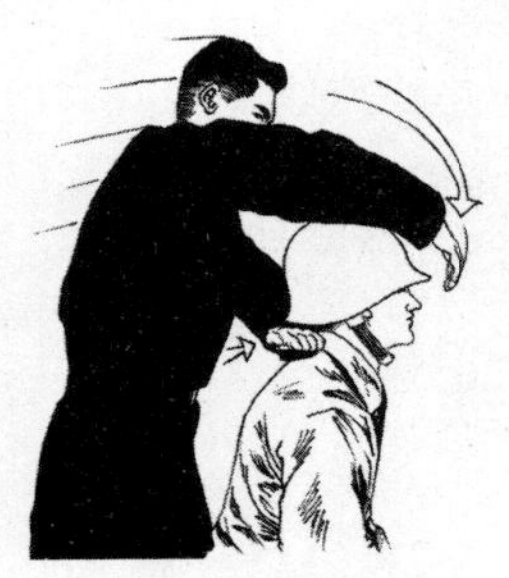

图213 掰钢盔折脖（1）

2.牢牢抓住敌人钢盔的前帽檐，使劲地向上、向后、再向下拽，左小臂则猛力向前推（见图214）。左小臂放在敌人钢盔后部下檐，当做掰钢盔折敌人脖颈的支点。此方法只宜用于对付盔带套系在下巴颏的敌人。

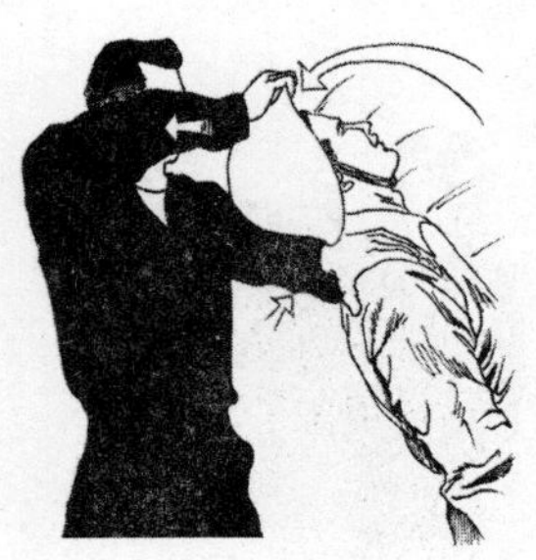

图214　掰钢盔折脖（2）

3　用钢盔击头

1.如果发现敌人的钢盔带并未套在他的下巴上，或在采取掰钢盔折脖时，发现敌人未系钢盔带，即可用猛劲夺取敌人钢盔，并用夺过来的钢盔猛击敌人，从而击毙敌人。做这个动作时，应该用另一只手揪住敌人的衣领或衬衣向后拉，使敌人失去平衡而后仰（见图215）。

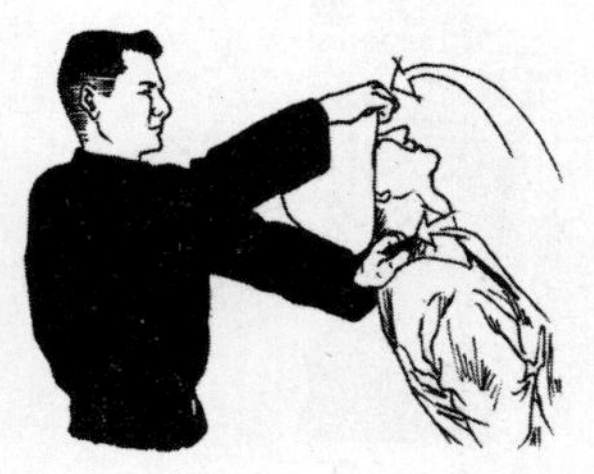

图215　钢盔击头（1）

2.此时用钢盔顶部猛击敌人头顶或太阳穴（见图216）。采用这种方法打击敌人时，敌人往往会喊叫。

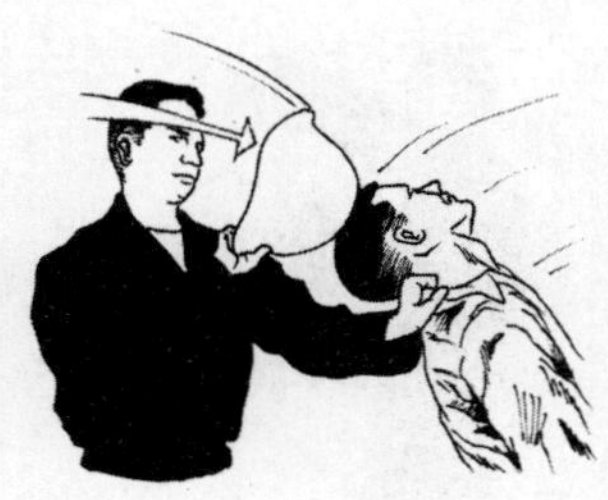

图216　钢盔击头（2）

4 用绳索或铁丝单手勒脖

1.采取这种勒脖的方法时，必须事先准备一根长约90厘米（如同一根靴带）的柔软铁丝或绳子。两手各执铁丝或绳子的一端，从背后接近敌人。将绳子从敌人头上套过，从左至右地缠绕，左手始终紧执另一端，放在敌人的肩上（见图217）。

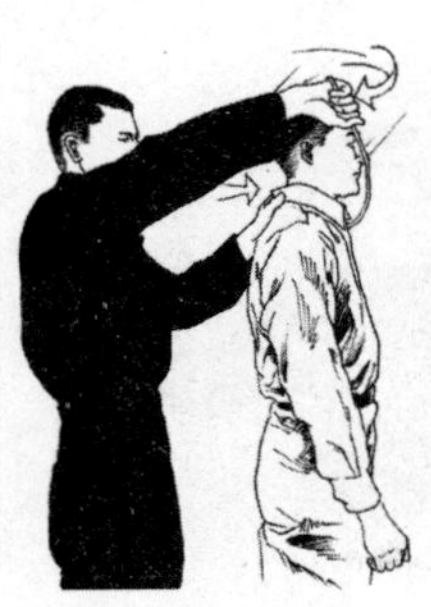

图217 用绳索或铁丝单手勒脖（1）

2.与此同时，用膝盖（任何一只均可）顶住敌人的后背，右手使劲地拉绳，而左手则用力前推（见图218）。如果动作迅速敏捷，敌人便来不及叫喊。为便于紧拉，格斗者可在绳子或铁丝的两端缠上两根短棒。

图218 用绳索或铁丝单手勒脖（2）

5　用绳索或铁丝双手勒脖

1.两手抓住铁丝或绳子的两端，左小臂横放在敌人的颈后，右臂在敌人头部上方转动，绳子从右向左将敌人的喉部勒住（见图219）。

图219　用绳索或铁丝双手勒脖（1）

2.套住敌人的喉部后，两臂同时向相反的方向猛拉，紧勒敌人喉部（见图220）。迅猛的动作可使敌人失去呼叫的机会。猛烈和长时间的缠勒，足能导致敌人昏迷或毙命。

图220　用绳索或铁丝双手勒脖（2）

6 其他方法

1.借助武器

（1）用钝器猛击敌人的脊梁而将他打昏，或用利器猛刺敌人，将他杀死（见第三章图35）。

（2）动用自制器具（见第三章图34）。

2.用手掌外侧或拳头猛击敌人的后脑勺（见第二章第二节）。

3.擒拿

（1）由后摔（见第五章第七节）。

（2）背后锁喉（见第七章第七节）。

4.持刀攻击（见第九章）

（1）刺肾部

（2）刺颈侧

（3）割 喉

第十四章

搜身

如果捉到俘虏，而且需对俘虏进行搜查，那么这种搜查应在有帮手的情况下进行。可将俘虏转移到后方，由别的同伴担任警戒，然后再进行搜身；但在没有任何援助的特殊环境下，对敌人实施全身搜查也是完全必要的。以下介绍的便是在没有援助的情况下，对俘虏进行搜身的方法。

1 概述

如果捉到俘虏，而且需对俘虏进行搜查，那么这种搜查应在有帮手的情况下进行。可将俘虏转移到后方，由别的同伴担任警戒，然后再进行搜身；但在没有任何援助的特殊环境下，对敌人实施全身搜查也是完全必要的。以下介绍的便是在没有援助的情况下，对俘虏进行搜身的方法。

2 搜身的规则

搜身时，应当牢记以下规则：

1.如果自认为有把握，即可口头命令敌人服从搜查，必要时可开枪。

2.不许俘虏说话、向后看、挪动双臂或有分散你注意力的任何举动。

3.在没有使俘虏失去平衡时，切不可对其搜身。

4.在没有使俘虏失去平衡时，切不可靠近敌人一臂距离以内。

5.持手枪搜查俘虏时，应将拿手枪的手放在腰际，稍微远离俘虏，做好射击的姿势。

6. 如果有同伴协助，则必须使自己位于射击的范围之外；一人对敌人进行搜查，其余的人则与俘虏保持足够的距离，随时监视敌人。

7.在完成搜身之前，始终不可放松警惕。

3 搜身技术

1.搜身时用“拍打”和“触摸”的方法，就可以发现俘虏的武器，或身上暗藏的器具。对俘虏实施全身搜查时，尤其要搜查其腋窝、胳膊、背后、裆部和腿部；对敌人腰部衣服重叠处、胸部、靴筒要彻底搜查。因为刀可用绳子吊在脖子上，或暗藏在身体任何部位。格斗者以手搜查敌人口袋或腰部时，应格外留意，谨防敌人抓胳臂并将自己摔倒。

2.经初步搜查后，便可将俘虏转移到后方地区，进行详细搜查。此时可命令敌人脱光衣服并检查他的全身。

4 持长枪搜查俯卧的俘虏

命令敌人俯卧，使敌人双臂朝前方伸直，两手靠在一起（见图221），两腿挺直，双脚靠拢。枪身直立，枪口对准敌人的脊椎处；右手抓握枪颈，食指扣住扳机。搜查完敌人后身之后，即令敌人翻过身来，以便搜查他的前身。搜查时枪口对准敌人的腹部，枪口插在他的衣内，以免滑脱。持手枪时，也可采用俯卧搜查的方法，但搜查时，手枪应置于腰际。对不会讲英语的俘虏，还必须用手势命令敌人。

图221　俯卧搜查法

5 持长枪搜查跪下的俘虏

当俘虏被强令双手抱住后脑勺并跪下时（见图222），他为了不至于失去平衡，不得不使身体前倾。如果搜查他的左侧，应右手持枪，枪口顶住他的后背，左腿位于敌人两腿之间，并用膝盖顶住他的臀部，这样做是为了在必要时，可以迅速用左膝迫使其前倾。如果搜查敌人的右侧，则左手持枪，右腿置于其双腿之间，并以膝盖顶住敌人的臀部。持手枪对敌人搜身时，也可采用此方法，但在搜查时须将拿手枪的手放在自己的腰际。

图222 跪姿搜查法

6 持手枪搜查斜倚的俘虏

当强令俘虏双手搭在一起，扒在墙壁、树干、栅栏、车辆或其他直立的物体上时，还应命令敌人双脚交叉，尽量后退伸直，以使他的身体失去平衡。如果搜查敌人的左侧，应将自己的左脚放在俘虏双脚前，拿手枪的手放在自己的右腰部（见图223）。如俘虏企图移动，即可向外钩拨他的脚。搜查俘虏右侧时，则左手握枪，右脚放在他的脚前。

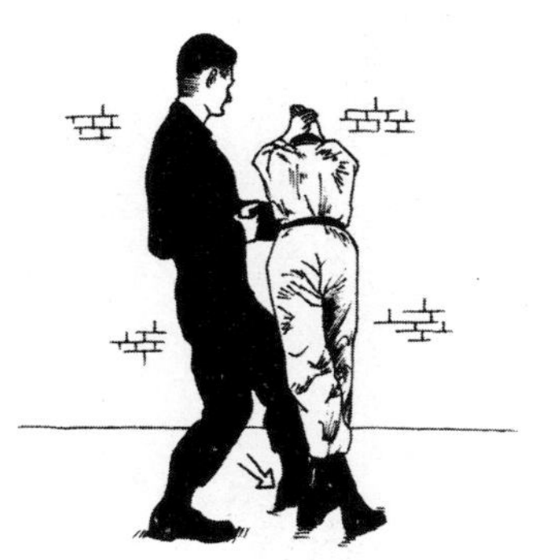

图223 斜倚搜查法

7　持手枪搜查站立的俘虏

1.命令俘虏双腿远远叉开站立，并将两手交叉放在头顶（见图224）。

2.当向俘虏靠拢去搜查他的前身时，左脚应顶住他的脚后跟,侧身护住裆部（见图225）。搜查者应始终保持警惕。

图224　站立搜查法（1）

图225　站立搜查法（2）

8　对多名俘虏进行搜查

如果有一支手枪，即可运用本节叙述的任意一种方法，对多名俘虏进行搜查。不过，在搜查敌人暗藏的武器时，切勿放松对其他俘虏的监视。

1.斜倚搜查法

（1）当采取这种方法时，应右手握枪，并从第一名俘虏的左侧开始搜查（见图226）。

（2）搜查完第一名俘虏时，便命令他转移到最后一名俘虏的右侧，仍保持原来斜倚的姿势；然后再依次从左侧开始搜查其余的俘虏（见图227）。

（3）对所有俘虏的左侧搜查完毕后，就开始搜查他们的右侧。搜查时左手握枪，并依次搜查每个俘虏。搜查完第一个，便命令他以原来姿势斜倚在最末一名俘虏之后。

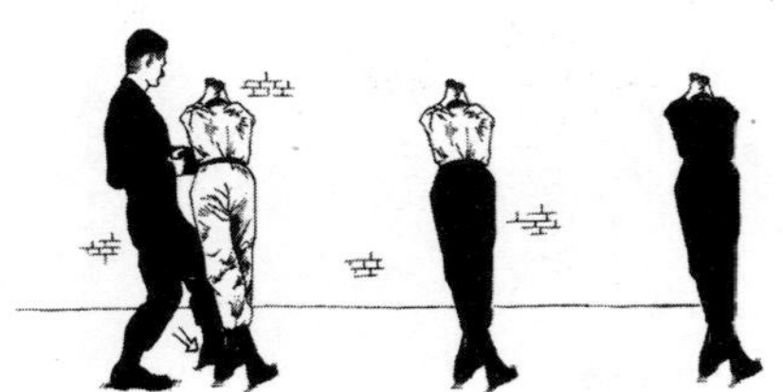

图226　用斜倚法对多名俘虏搜查（1）

图227　用斜倚法对多名俘虏搜查（2）

2.跪姿搜查法

（1）应命令俘虏以同样的跪地姿势，排成纵行，相互间距离约4~5步远（见图228）。

（2）首先搜查纵行的最后一名俘虏，搜查完毕便命令他移至纵行的前面，并保持原来的跪地姿势（见图229）。然后依次类推。如果单独一人执行任务，而且拥有一支长枪，那么这种搜查方法最为适用。

图228　用跪姿搜查法对多名俘虏进行搜查（1）

图229　用跪姿搜查法对多名俘虏进行搜查（2）

第十五章

捆绑俘虏

捆绑，是控制俘虏最有效的办法。捆绑俘虏时，可用撕破的衣服、鞋带、武装带或者领带、手巾、破布条等。如果一个侦察员担负着捕俘的任务，他就必须随身携带绳子或柔软的电线。

1 概述

捆绑，是控制俘虏最有效的办法。捆绑俘虏时，可用撕破的衣服、鞋带、武装带或者领带、手巾、破布条等。如果一个侦察员担负着捕俘的任务，他就必须随身携带绳子或柔软的电线。

2 腰带捆绑法

1.取下俘虏的腰带并命其俯卧；反剪俘虏的双臂；将腰带末端朝他的头部、腰带扣朝他的脚放置；握住腰带扣，将腰带缠绕数次，牢牢捆住处于下方的手腕；将腰带末端与俘虏脊梁骨平行，并捆绕他放在上面的手腕（见图230）。

图230 腰带捆绑法（1）

2.用腰带将俘虏上面的手腕缠绕数次。捆绑时，务必将俘虏双臂尽量靠拢，并尽可能扎牢固（见图231）。

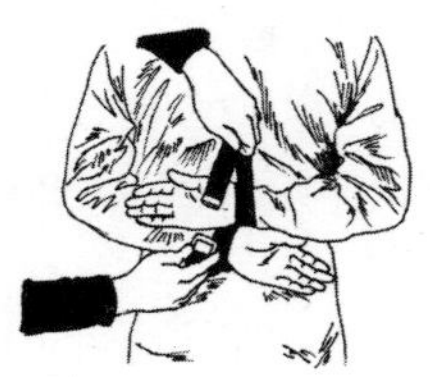

图231　腰带捆绑法（2）

3.腰带穿过腰带扣扣紧（见图232）。尽管这是一种有效的捆绑方法，但必须在对俘虏进行严密监视的情况下才能采用。

图232　腰带捆绑法（3）

3 鞋带捆绑法

1.应准备两根长度各约70厘米的鞋带，或一根长约183厘米的皮靴带。也可令俘虏解下他的鞋带或靴带。采用鞋带捆绑法既可将俘虏双手正捆在他的胸前，也可反捆在他的背后，而捆在背后则更为有效。捆绑时，反剪他的双臂，使他的手背相对，两腕紧挨；以一根带子将敌人双腕紧缠数道，然后在两腕间的带环上再捆扎，以加固外带环；将带子两端合在一起打上结（见图233）。

2.第二步，用另一根带子的末端将俘虏的两个小手指捆在一起，再用带子的其余部分在捆腕的带环上绕过，并捆住他的拇指。当用第二根带子捆绕敌人手腕和捆扎他的拇指时，务必拉紧并捆结实（见图234、235）。

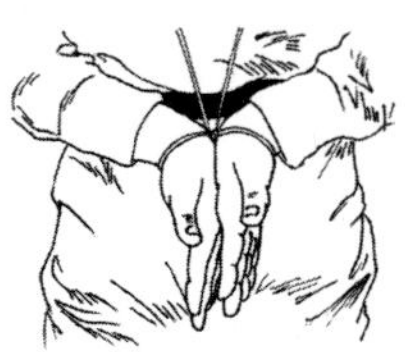

图233 鞋带捆绑法（1）

图234 鞋带捆绑法（2）

图235 鞋带捆绑法（3）

4　牵引捆绑法

采用这种捆绑法，须有一条绳子或两根长靴带。让俘虏脸朝下卧倒，将他的双手反捆在背后，打好结。捆绑时，要尽量将他的双臂向后上方拉。将绳子或带子绕过他的脖颈，并且缠绕在他的手腕上。套脖子的绳要尽量缩短，以迫使俘虏为减轻对咽喉的压力，而将胳臂向上提起（见图236）。这样就能很容易地牵住绳子，押走俘虏。

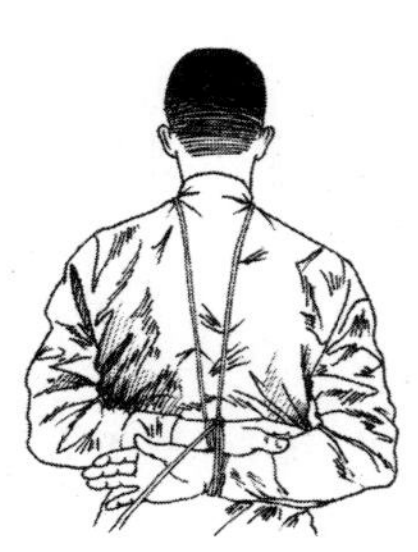

图236　牵引捆绑法

5　捆猪法

用牵引法将俘虏捆绑好（如图236所示）。将他的双腿向后折叠，并用绳子捆住他的脚关节，使他的双腿固定在一个位置上。这样，如果俘虏企图作任何挣扎，带来的结果就是绳子勒得更紧。只要捆绑得法，俘虏将永难逃脱（见图237）。

图237　捆猪法

6　手巾钳口法

钳制俘虏的嘴巴，可制止他大声喊叫。具体做法就是将手巾或布条使劲塞堵俘虏的嘴巴（在没有手巾等物的情况下，塞一把乱草也行），而后用手巾捆住他的嘴（见图238）。

图238　手巾钳口法

7　棍棒堵口法

如果没有布条，也可用一根木棒堵住俘虏的口。具体做法就是往俘虏嘴里横塞一根木棒，强迫他像马衔嚼子一样咬住，然后用鞋带绕过他的脖颈捆扎木棒两头（见图239）。

图239　棍棒堵口法

8　胶布堵嘴法

在俘虏嘴上横贴几条胶布（见图240）。胶布的宽度不得小于2.54厘米，长度不得小于12.7厘米。粘贴胶布前，向俘虏的嘴里塞条手巾、一把草或一些布条，收到的效果更好。

图240　胶布堵嘴法

附录

徒手格斗教练须知

一、教练员

教练员必须具备良好的身体素质，并能掌握本教材中叙述的所有动作；无论何时他都要有高度的热情、充沛的精力和激励所有受训人员的领导能力。他必须训练一些辅助教练员，以严格地监督练习活动，并示范高难度的动作。

二、一般的安全措施

在徒手格斗训练时，必须严格执行下列安全措施：

1.严格而不间断地监督所有练习活动，不得有半点疏忽。

2.练习前应进行充分讲解和示范，使学员了解每一个动作。

3.在学习阶段，教练讲授动作之前，不得让学员首先试做，以避免发生意外事故。

4.在学习和完善技术阶段，假想敌不宜做反击动作，以便使受训者按教材所讲的方法完成动作。

5.要有宽敞的练习场地。两人对练的场地宽度和长度均不得小于2.5米。

6.学员的口袋里不得装任何东西，练习前，应取下贵重物品、金属证章或眼镜等。

三、特殊的安全措施

1.易伤部位：应告诫学员在练习活动初期，只能轻轻地打击易伤部位。随着学员搏击技能的不断提高，才能逐步增强打击力量，但不得过分用力，以避免损伤。

2.倒地、摔跤和擒拿：

（1）在练习擒拿时，要给学员规定一个停止扼压动作的信号。尤其在进行锁喉练习时，所有学员都应通晓这个信号。信号可以用拍打对方来表示。

（2）在开始训练之前，一定要让每个学员都做好准备活动。

（3）在练习摔跤之前，先教授倒地姿势。

（4）在学员熟谙擒拿技术之前，告诫他们在练习时动作一定要轻。

3.缴械

（1）在练习夺刺刀的方法时，步枪的刺刀一定要牢牢地套上刀鞘（见图241、242）。

（2）在教授夺刺刀时，可用搭帐篷的桩子或刺刀鞘来代替刺刀。

（3）在进行夺枪练习时，告诫持枪的学员不要将手指扣在步枪或手枪的扳机护圈内。

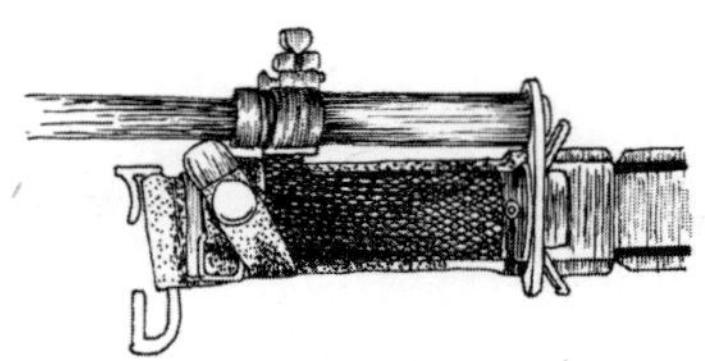

图241　刀鞘必须紧套在刺刀上（1）

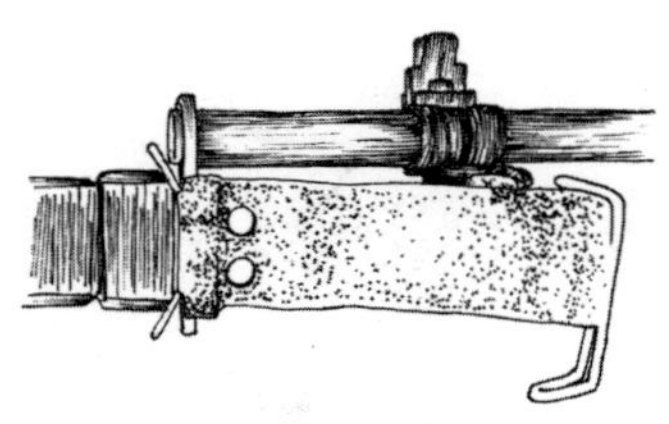

图242　刀鞘必须紧套在刺刀上（2）